横穴式石室の最初の学術調査は，1886年の坪井正五郎による栃木県足利公園内の2基の古墳であった。現在16基の古墳が存在するが，最近の再調査でF号墳が坪井による1号墳であると確認された。墳丘が2段築成の山よせの古墳で，周溝があり，葺石や埴輪列が存在したことなどがわかった。

高松塚発掘以前は，古墳といえば石舞台古墳といわれるほどによく知られた巨石の横穴式石室の古墳である。遺物中心主義の研究方向であった時代にあって，その構造や石積技術などの研究目的をもって調査された。規模では見瀬丸山古墳の石室に及ばないが，自然石を積み上げた石室としては最も完成されたものである。

栃木県足利公園古墳群F号墳（足利市教育委員会提供）

学史上の横穴式石室

奈良県石舞台古墳全景と石室
（河上邦彦提供）

横穴式石室内の埋葬

奈良県寺口忍海E-12号墳の玄室内人骨・遺物出土状態（橿原考古学研究所提供）

横穴式石室はその構造上，盗掘されることが多く，全く手つかずの石室を調査する機会は極めて少ない。奈良県寺口忍海E-12号墳は石室内に最後の埋葬が終わった状況で発見された。計5つの木棺が配置されていたことがわかり，A号棺は壮年男性2体と若年者・老年女性・幼児の骨があり，また棺台と側壁の間に焼けた人骨があった。B号棺は老年女性と4～5歳の幼児，C号棺は熟年男性，D号棺は成人，E号棺は壮年男性の計10体の埋葬が確認され，多葬埋葬の好例となった。

九州型の横穴式石室

→佐賀県谷口古墳東石室の横口部
（浜玉町教育委員会提供）

↓谷口古墳西石室

九州型の石室で竪穴系横口式石室と呼ばれるのが佐賀県谷口古墳である。後円部に並列した合掌式の竪穴式石室があって、その一方の短側壁部分の上方に横口部が付設するという構造のものである。横穴式石室の影響で築かれた石室としても横穴式石室の持つ性格と同列で考えるかについては論があろう。本格的な横穴式石室としては北部九州型と呼ばれる石室で、偏平な割石を小口積みしたもので、玄室の短辺の中央に短い羨道が付く。玄室と羨道の床面には段差が認められる。福岡県鋤崎古墳、老司古墳3号石室がその代表で、熊本県別当塚古墳群東墳の石室もその好例である。

熊本県別当塚古墳群東墳の石室（荒尾市教育委員会提供）

畿内型の横穴式石室

←奈良県平林古墳の外護列石
（橿原考古学研究所提供）
↓平林古墳石室

羨道から玄室への袖部分に特別な施設のない形式の石室を畿内型と呼んでいるが，その実体はまだはっきりしていない。
奈良県平林古墳は最近発掘された両袖式の横穴式石室で，いわゆる畿内型の一類型である。羨道が異常に長いが途中で石積みが異なるので，ここからは墳丘外へ続く外護列石の意味があったと思われる。羨門と墳丘表面の関係がはっきりしない畿内型の多くの古墳にあって好資料となった。大阪府高井田山古墳は畿内では比較的古い形式の横穴式石室である。片袖式の石室で，長方形の玄室に幅の広い，極めて短い羨道が玄室の床と同じ高さで付いている。羨道には閉塞石が詰められていて空間はない。5世紀末頃に位置づけられている。

大阪府高井田山古墳の片袖式石室（柏原市立歴史資料館提供）

季刊 考古学 第45号

特集 横穴式石室の世界

● 口絵(カラー) 学史上の横穴式石室
横穴式石室内の埋葬
九州型の横穴式石室
畿内型の横穴式石室

(モノクロ) 中国地方終末期の切石石室
畿内大型古墳の横穴式石室
東国の巨大横穴式石室
特異な石室
横穴式石室の終末
韓国の横穴式石室

横穴式石室の問題—————————河上邦彦 (14)
石室の系譜と構造

三国時代の横穴式石室墳—————曺 永 鉉　堀田啓一訳 (21)

横穴式石室の導入と系譜—————————柳沢一男 (28)

横穴式石室の地域間動向　九州—大和—————森下浩行 (33)

横穴式石室の地域間動向　大和—東国—————右島和夫 (36)

横穴式石室の構造—————————————宮原晋一 (40)

横穴式石室の終末（大型墳）—————————上林史郎 (44)

横穴式石室の終末（群集墳）—————————松本百合子 (48)

横穴式石室の地域性
　九州地方──────────────髙木恭二 *(51)*
　中国地方──────────────亀山行雄 *(55)*
　四国地方──────山下平重・廣瀬常雄・菅原康夫・廣田佳久 *(58)*
　近畿地方──────────────一瀬和夫 *(62)*
　東海地方──────────────服部哲也 *(67)*
　北陸地方──────────────伊藤雅文 *(70)*
　中部高地地方────────────小林正春 *(74)*
　関東地方────────────小森哲也・中村享史 *(77)*
　東北地方──────────────福島雅儀 *(81)*

最近の発掘から
　最古の渡来系稲作集落─福岡県江辻遺跡──────新宅信久 *(89)*
　大型横穴式石室をもつ方墳─岐阜県次郎兵衛塚1号墳─長瀬治義 *(91)*

連載講座　縄紋時代史
　19．縄紋人の領域（6）──────────林　謙作 *(93)*

書評 ─────────────────── *(100)*
論文展望 ───────────────── *(103)*
報告書・会誌新刊一覧 ───────────── *(105)*
考古学界ニュース ──────────── *(108)*

表紙デザイン・カット／サンクリエイト

中国地方終末期の切石石室

岡山県大谷1号墳の全景と羨道からみた玄室
（北房町教育委員会提供）

中国地方の終末期古墳の墳丘調査が最近相ついで行なわれた。いずれも切石の横穴式石室として知られていた古墳で，何段もの外護列石が検出されている。岡山県大谷1号墳は両袖式の横穴式石室で，数年前に双竜環頭大刀や斧状の金銅製品などが出土している。

鳥取県梶山古墳は玄室・前室・羨道からなる石室で，玄室奥壁に三角文・同心円文・曲線文・魚文の壁画があった。

鳥取県梶山古墳の外護列石と石室
（国府町教育委員会提供）

奈良県見瀬丸山古墳の石室
（毎日新聞社提供）

畿内大型古墳の横穴式石室

畿内の大型古墳の石室が調査されている。奈良県見瀬丸山古墳は諸説あったが，宮内庁の調査で全長28.4m，日本最大の横穴式石室であることがわかった。他には例を見ない巨石を使用しているが，構造からは完成度は低く，また羨道にも継ぎ足しが認められるという。大阪府峯ケ塚古墳は古市古墳群で最も新しいと考えられる前方後円墳で，後円部から発掘された石室が横穴式石室か竪穴式石室であるかの結論が出ていない。

大阪府峯ケ塚古墳石室全景
（羽曳野市教育委員会提供）

東国の巨大横穴式石室

東国における横穴式石室で最も早い時期のものとして知られていた群馬県前二子古墳で最近石室内の調査が行なわれた。石室は両袖式で玄門柱がある。かなり細長い玄室に長い羨道が付く。玄室と羨道の天井の高さがほぼ同じであるという特色を持つ。この石室形態がどこに起源が求められるか興味あるところである。

特異な石室

兵庫県高塚山古墳群では1号墳で複室構造のT字形石室が見つかった。T字形石室は畿内各地にいくつか確認されているが、九州に起源があるといわれるもののまだはっきりしていない。また8号墳では石室内で5人以上の火葬痕跡があった。これが確実に古墳の築造時（6世紀末〜7世紀初）に行なわれたのか、後に火葬されたのかが問題となるが、奈良県下でも石室が焼けていた例がある。

群馬県前二子古墳の石室（前橋市教育委員会提供）

兵庫県高塚山古墳群1号墳のT字形石室（神戸市教育委員会提供）

高塚山古墳群8号墳の火葬痕跡を伴った石室

横穴式石室の終末

横穴式石室は7世紀に入ると築かれることが少なくなり，多くは追葬という形で処理されると考えられてきたが，小規模な竪穴式石室状の横穴式石室が多く発掘され始めた。奈良県龍王山古墳群では20基以上も見つかり，改葬墓と考えられ，土葬と火葬の間をつなぐ墓制として位置づけられる。

奈良県龍王山古墳群E支群遠景
（橿原考古学研究所提供）

韓国の横穴式石室

全長51mの前方後円形の墳丘を持つ古墳で，後円部上段に横穴式石室が発掘されている。5世紀末ごろの古墳であり，当墳が倭人あるいは倭系の人物の墓である可能性も考えられる。古代日朝関係上極めて重要な資料になると思われるので，石室構造・副葬品などの詳しい検討・報告が待たれる。

龍王山古墳群G支群G-9号墳

韓国新徳古墳の石室入口（中日新聞社提供）

季刊 考古学

特集

横穴式石室の世界

特集● 横穴式石室の世界

横穴式石室の問題

奈良県教育委員会 河上邦彦
（かわかみ・くにひこ）

改葬によって石室構造が変化することは当然考えられる。見瀬丸山古墳は未完成の古墳に横穴式石室を伴う円丘を築いたものか

1 研究略史

全国各地の山野に黒々と口の開いた横穴式石室は，古くから"塚穴"と呼ばれて親しまれてきた。そしてそれは不思議な存在として穴居住居であるとか金の鶏が埋まっているなどの伝説・説話の舞台ともなっていた。これが学問の対象となったのはそれほど古いことではなく，江戸時代末期の陵墓研究などで石室の存在するものなどが記録される程度であった。

横穴式石室が学問的に発掘された最初は坪井正五郎による明治19年の栃木県足利公園の古墳の調査であった。古墳そのものは小さな後期古墳にすぎなかったが，この報告は現在の発掘調査報告書とほぼ同じ内容を記しており，最初にして報告書としては完成したものとして評価されている。その後吉見百穴・日ノ岡古墳などの調査がなされているが，当時古墳の発掘はまだ墓をあばくといった社会的風潮もあってそれ以上の域をでなかった。しかし一方では八木奘三郎や大野延太郎らによって古墳時代に関する研究は盛んになってきた。大正になって浜田耕作の主催する京都帝国大学考古学教室が研究活動の報告を次々と発表する中で横穴式石室を埋葬施設とする古墳を取り上げている。『九州に於ける装飾ある古墳及び横穴』や『滋賀県高島郡水尾村の鴨稲荷山古墳の調査』であるがここでは横穴式石室の実測図が作成されており，これらの実測図は今日の横穴式石室の図面の基本となっている。

大正2年に『歴史地理』増刊号の「皇陵」で喜田貞吉は「上古の陵墓」を発表，また『歴史地理』に「古墳墓年代の研究」を発表して古墳の編年研究をおこなった。この中で横穴式石室が竪穴式石槨より新しいものであること，さらに横穴式石室が大陸の影響であること，合葬にかかわる埋葬施設であることなどを論じ，今日に通じるすぐれた見解を示した．大正10年には黒板勝美・田沢金吾による和歌山県岩橋千塚の調査がおこなわれ基本的資料が収集され始めている。

昭和に入って，梅原末治の『近畿地方古墳墓の調査』によって巨石の横穴式石室の調査がおこなわれ古墳の基礎資料となった。これは横穴式石室という遺構を図化することによってデータ化することにつながったのである。これによって単に長さ，幅などという数字によるデータでは示されない形態による比較研究が可能になったが，この成果を生かせないままに終わった。しかしこれらは開口している横穴式石室の実測をおこなったものであり，前・中期古墳については一部の発掘を伴った調査をしているのとは対照的である。盗掘されていることの多い横穴式石室の時代の古墳よりは古い前・中期の古墳とその副葬品に研究の主眼がおかれていた時期である。そうした中で末永雅雄による石舞台古墳の発掘は横穴式石室の構造研究を主眼としたもので，その発掘による成果を基に石室構築技術が述べられ，またその被葬者論などと学問的なひろがりを見せた。この頃各地域では古墳墓の基礎的な調査が実施された。たとえば，群馬では県下古墳の一斉調査がおこなわれ，その結果は『上毛古墳綜覧』として昭和13年に報

告されている。

　戦後になって，新しい歴史観のもと，横穴式石室の研究は後期古墳の主たる埋葬施設ということで，後期古墳研究という大枠の中で研究されてきた。近藤義郎は岡山県津山市の佐良山古墳群を材料として後期の小さな古墳の群を群集墳として認識，新しい視点での古墳研究を始めた。しかしその主埋葬施設である横穴式石室そのものに対する取り組みはほとんどなされなかった。

　一方，末永雅雄を中心として西日本の横穴式石室の研究がなされ，大阪府塔塚古墳や芝山古墳などの初期の横穴式石室が調査された。そして西日本各地の開口している横穴式石室の図面作成がおこなわれ，こうした成果を基に『古代学研究』第30号の後期古墳特集が刊行された。このなかで白石太一郎による横穴式石室の編年表が発表され，森浩一によってその時代判定に横穴式石室から普遍的に出土する須恵器の編年を利用したこと，また各地の後期古墳の流れを地域史として論じた点に意義があり，後の研究に対する方向付けがなされた。そして畿内を中心として横穴式石室の系譜が竪穴式石室から変化した長手のものと大陸から受容した方形のものが併行して発達したと考えた。ただおしまれることは多くの基本的な横穴式石室の実測図が未発表のままに終わったことである。

　一方，この時期横穴式石室そのものを深く追求したのが群馬の古墳を資料とした尾崎喜左雄の『横穴式古墳の研究』である。東国の古墳を材料としているものの横穴式石室研究の多くの視点が盛り込まれ「石室の構築・設計・石材・編年」など研究視点は後の研究に大きな影響を与えた。

　こうした群集墳・後期古墳という視点からの研究では，横穴式石室の形態・構造論といった方面の研究はほとんど進まなかったと言える。1960年代以後の各地での開発に伴う発掘調査によって多くの遺跡が失なわれた。しかしそれによって，発掘による横穴式石室の資料は増加した。最近では，文化財行政の前進により大型古墳は事前に保存が計られ，緊急発掘は少なくなったが，群集墳などの小規模な古墳の破壊は現在なお続いている。

　昭和47年の高松塚古墳の発掘を契機として後期古墳から終末期古墳を分離しようという方向が出てき，終末期古墳としての横穴式石室，そして横口式石槨の認識が明確になっている。現在では横穴式石室の受容，各地域での横穴式石室の資料の増加による，導入や発展・終末などの問題，終末期古墳における石室，石室の形態による地域間交流など多様な問題を論じることができるようになってきた。しかしなお，石室の構築技術などの問題はほとんどなされていない。

　最近の各地域での横穴式石室研究は本書に記された通りであるが，近畿を中心に西日本の「横穴式石室の起源と系譜」が帝塚山考古学研究所による共同研究の成果としてまとめられ，また東日本でも「東日本における横穴式石室の受容」と題してシンポジウムがなされるなど多くの共同研究が進められている。

2　横穴式石室の受容

　横に入口のある墓室は日本だけでなく広く世界に分布する。そして日本の横穴式石室は大陸の墓制の影響を受けて発達したものと考えられてきた。かつて横穴式石室はその起源を中国南朝に求められたことがあったが，最近では朝鮮半島での古墳の調査が増え，実体が明らかにされるにつれて楽浪から漢江流域の横穴式石室にその起源が考えられるようになってきた。しかし一方日本での横穴式石室が，九州と畿内ではその開始時期が異なるなどで一律に考えられないこと，同じ九州でも方形プランの鋤崎・老司古墳や竪穴式石室に入口が付いたような谷口古墳例のように単純でなく，個々の石室タイプの起源がどこにあるかより限定した地域を追求する必要がある。畿内の石室についてもかつて九州からの影響という考え方があったが，九州とは別に百済からの影響であると考えられるようになってきている。この方面の研究は双方の連携が必要である。しかし朝鮮半島における横穴系の埋葬施設の総合的な研究が発表され始めたのは最近になってのことであり，より詳しい情報が必要である。本書記載の「三国時代の横穴式石室墳」は韓国における横穴式石室の実体を概観でき，日本とのつながりについて示唆されていて興味深い。なお最近発掘された全羅南道咸平郡の新徳古墳は交流という面でその前方後円墳という外形とともにその横穴式石室の構造にも重大な関心を持たざるを得ない。

3　横穴式石室の地域間交流

　日本国内での横穴式石室の普及は，もともと九州が早く，それが全国に広がっていったというよ

15

うなとらえ方があった。しかし九州において初期の横穴式石室の実態が判明してその系譜が明らかになってくると明確に九州型石室が認識され，それに対応する形で畿内型の設定がなされた。九州型が北部九州型・肥後型・竪穴系横口式石室と認識され，いずれもが玄門部を突出させて，そこに板石による閉塞施設を作るのに対し，畿内型横穴式石室は何らの施設も作らずに，この部分での閉塞はない。これらの差異については墓室内での葬送の違いとみられている。この二つの型式の古墳を全国各地の古墳にあてはめようとする考えが多い。しかし現状で問題なのは畿内型と呼ばれるものの実体が未だ不明な点にある。

　畿内型もそのルーツは半島に求められるが，5世紀後半から末には定着したらしい。しかしその後の展開をみると地域差といった点が大きい。畿内型と一括して呼ばれる大和の古墳さえ奈良盆地内での各地で横穴式石室の形態の差がみられる。たとえば平群谷では5世紀末から6世紀後半まで持ち送りの激しい背の高い石室が築かれるのに対し，巨勢谷では長細い平面形であるが，それほど高さのない石室が続く（図1）。このように，盆地内部でも地域によってかなりの個性的な石室が築かれる時期が続くが6世紀末になると，玄室の平面がやや長い長方形（長さ：幅の比1.5：1程度）玄室と羨道比は1：1～1.5，両袖式の石室で奥壁前壁にも持ち送りを持つような石室が各所で築かれ，その一部は大阪にも及んでいる。つまり終末期の大型横穴式石室こそが始めて畿内型，あるいは大和型と言える存在となっている。これらは6世紀末までは盆地内での各豪族が自分達の内部の石工に石室を築かせていたことを示すが，6世紀末以後は，そのすべての石室は一定の石工集団によって築かれたとみられる。それは中央政権下にあった石工であろう（表1）。このような状況であるので，果たして畿内型古墳と呼ばれるものがどの程度他地域へ影響を与えたかについては疑問である。6世紀末以後の石室が他地域へ強く影響を与えているのは確かである。それはたとえば，岩屋山古墳の影響が山口県の大日古墳にあるごとくである。しかしそれ以前の石室は盆地内での差がありすぎている。市尾墓山古墳の横穴式石室が，愛媛県三島神社古墳の石室と類似することからこの石室を畿内型とする考え方があるが，私には直接的な交流・影響が考えられない。いずれにしろ大和の横穴式石室が他地域へ大きく影響を与えるのは6世紀末以後ではないかと考えている。

4　横穴式石室の終末

　横穴式石室は追葬を可能とする埋葬施設であるが，終末期になると大型古墳では単葬墓へと変わるという視点でとらえられてきた。横穴式石室から横口式石槨への移行である。この墓制の変化が横穴系埋葬施設の縮小化へとつながるといえよう。そしてそれは火葬墓へとつながっていくとされてきた。しかし土葬墓から火葬墓へと変化する時期に多くの改葬墓が存在する。文献によれば用明・推古天皇陵など多くの改葬墓の存在が見られる。改葬によって石室構造が変化することは当然考えられる。大型墳での改葬墓の実際例は現状では未発見であるが，群集墳ではそれが示される材料が増加してきている。奈良県石光山22号墳の埋葬施設2は一見小竪穴式石室のようであるが，南木口部分は後で閉塞していて，明らかにミニ横穴式石室である。龍王山古墳群にも多く発掘されている。このような成人を土葬するには無理な小竪穴式石室状の埋葬施設は確実に増加してきている。7世紀代の小竪穴式石室として報告されてい

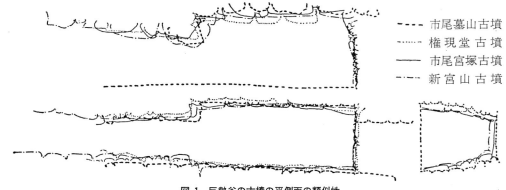

図1　巨勢谷の古墳の平側面の類似性

------- 市尾墓山古墳
・・・・・・ 権現堂古墳
――― 市尾宮塚古墳
-・-・- 新宮山古墳

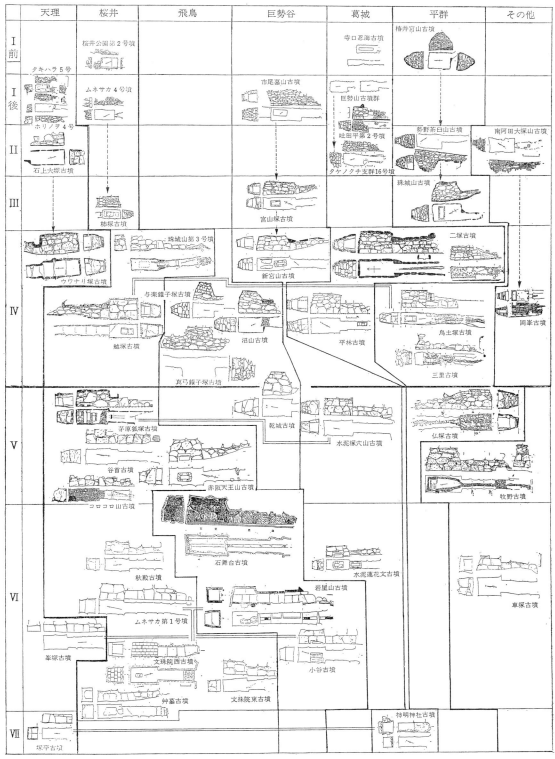

……時代差があるが類似する石室，＝＝同じ設計による石室
※Ⅴ期～Ⅶ期は同じ技術がすべての古墳にみられる。
表1　大和の横穴式石室の編年

るものもあろう。しかしこれらは横穴式石室としての意味を持った小石室なのであり，横穴式石室の終末の形態であり，土葬と火葬の間をつなぐ改葬（再葬）墓なのである。

5 横穴式石室の構築・構造技術論

　横穴式石室が前期竪穴石室に比べると，その運搬・加工・積み方においてかなり高度な石工技術が存在していたことは容易に察せられる。どのようにして運ばれ，積まれたか，この問題を始めて取り上げたのが石舞台古墳の調査であった。浜田耕作は「……石舞台古墳は，其の石室の巨大なる点，……実に本邦稀有の存在なり。されば其の石室の内部に堆積せる土砂を清掃し，全構築を明らかにせんと欲する……」と述べ，盗掘を受けて副葬品などは期待できないがその巨大な石組構造を明らかにしたいとして，遺物学から遺構学をめざした方向性が見られる。発掘でもその構築に対して注意がはらわれ，石組の裏側にまでトレンチを設定している。そして実測についても当時奈良県の建造物の技師であった岸熊吉の指導で石室の周囲に丁張を作ってそれを基準として作図し，本格的な実測がなされた。こうした成果をもとに，京都帝大の工学部教授高橋逸夫によって，巨石運搬とその築造法が考察された。石の重量，人力，綱，轆轤および滑車・挺子・轉子，修羅などの桃山時代以来の築城や，奈良・平安時代の寺院建立に用いられたものを推定して，石室に使用した石の運搬に一日500〜600人が数カ月かかり，その築造についても石工一日30〜40人が他の労働者数百人とともに3〜4カ月かかったとし，すべての築造には約一年を費やしたと結論づけた。

　この後このような構築技術論にまで及んだ研究はほとんどなされていない。ただ昭和53年には大阪府藤井寺市の三ツ塚古墳の周濠底に沈められていた修羅が発掘された。これは5世紀代と7世紀代の二説があるが，復元実験によれば35トンのものをのせて運んでも充分であったということから，巨石を運んだ痕跡のない時代のものとは言い難く，7世紀代のものであろう。いずれにしろ，巨石を運んだ実物の道具の発見であり，横穴式石室構築の具体的な様子が判明してきたのである。ちなみに，日本の古代において運ばれた石材として最も重い石は，飛鳥の牽牛子塚古墳の横口式石槨である。約4×5mの凝灰岩を刳り抜いた石槨で，二上山から約12kmを約80トンのこの石が運ばれている。

　石室構築に当って設計図が存在したであろうことは群集墳などで同じような規模・構造の石室が時折存在することで推定される。自然の野面石を積んだ石室では現場合わせが多く，かならずしも設計通りにはできないものである。しかし切石古墳などでは設計通りのものができる。白石太一郎が目を付けたのが岩屋山式石室であった。岩屋山古墳とムネサカ1号墳は同じ設計図によったことは確かである。その後大和では多くの大型横穴式石室にこのような同じ設計図によったとみられる石室の存在が指摘されている。

　石室の設計と言えば，束明神古墳の横口式石槨ではその基本設計が判明している。それは凝灰岩ブロック状の切石を積んだ石槨だが，図示するように奥壁の幅が唐尺の7尺で決定され，この長さ206 cmを2として石室の長さを3（309 cm）として平面形を決めている。立面は 206 cm の黄金分割を垂直の長さとする。129 cm である。これを1としてさらに天井までの高さを1とする。天井の傾斜は高さ1に対して底辺0.5として角度を決めている。このように比率を使った石室の設計が存在したことが明らかになった。おそらく自然石を積んだ横穴式石室にも設計がなされていたと思われるがなかなかそれが判明しない。古く尾崎喜左雄は人体を基準として石室の平面形が構成されたのではないかとし，玄室の長さと幅の比率で平

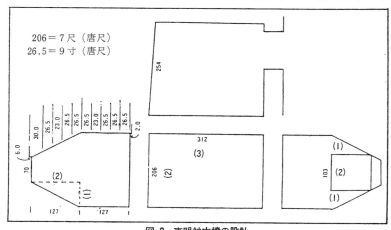

図2　束明神古墳の設計

面形が決定された。そしてそれには尺度が存在した，との研究がなされている。しかし石室使用の尺度の求め方について，材料となる石室が自然石積みで基準となる長さがはっきりしないということで試論に終わった。

6　最近の横穴式石室の調査

　近年注目すべき横穴式石室の調査が続いた。藤ノ木古墳は大型横穴式石室としては盗掘されていないという希有の例であった。ただその点が極めて重要である。その後，5〜6世紀の大王墓の調査が相ついだ。一つは大阪府羽曳野市の峯ケ塚古墳の調査である。

　峯ケ塚古墳は古市古墳群の内では最後の前方後円墳ではないかと言われる全長130mの古墳である。史跡整備に伴って発掘調査された。当初の発表では発掘された石室以外にその下層に横穴式石室が存在する。上の石室は竪穴式石室であるというものであった。しかし，その直後から下には石室はない。上の石室は横穴式石室ではないかなどと多くの反論が示された。最近概報が刊行され，調査担当者としては，下の石室の存在ははっきりしない，上の石室は竪穴式石室のようだが横穴式石室の可能性も全く否定しないというような内容になっている。私は下の石室は全く存在しないと思うし，上の石室は横穴式石室であろうと考えている。結論が出せずに中途半端な状況のまま調査を終わらねばならなかったのにはそれなりの理由があるだろうがぜひ調査の続行を望みたい。一部に史跡整備と称して主体部を掘るのは問題があるという意見もあるが，私はむしろ大型古墳の発掘機会の少ない昨今，充分な事前調査と調査体制の充実があればむしろ積極的に調査をすべきと考えている。

　次に，宮内庁による橿原市五条野，見瀬町に跨る丸山古墳の石室の現状調査があった。今ここでは横穴式石室そのものの問題からは少しはずれるが，丸山古墳についての私見を記しておきたい。

　平成3年12月，丸山古墳の石室内写真が公表された。横穴式石室に関心のある私にとって最も見学したい石室であっただけに，この写真の存在は強い衝撃を持って受け止めた。この横穴式石室のタイプは先に記したように終末期型の石室か，それとも古いタイプの大和在地型かが問題になると考えていたからである。

　丸山古墳の石室はどちらのタイプであるか，外形が前方後円墳である点を考慮すれば古いタイプの横穴式石室であるはずだが，しかし公表された写真とその後の宮内庁の調査で明らかに新しいタイプの石室であると判断された。調査結果の報告はいずれなされるであろうが，今ここで簡単に報道などによって示された状況を述べておくと，石室全長28.4m，玄室長8.3m，奥壁幅4.1m，玄門幅3.5m，玄室高3.6m（+1mほど），羨道長20.1m，玄門から羨道中央へは幅が広がるが，途中からは細くなる。奥壁は2石，側壁は3石積みである。石室を構成する石材にあまりにも大きな石を使うため，石材と石材の間の処理が悪く，後の石舞台古墳などに比べると完成度は低いと言わざるを得ない。また玄室に対しての羨道比が1：2.4で異状な長さであるが，羨道の途中から羨門にかけて幅が細くなり，ここから壁石の積み方が異なっているとのことで，羨道の継ぎたしが見られるとのことである。日本最大の横穴式石室である。さらに石棺についても奥棺が主軸に直交する形で，前棺は左袖に寄る形で，移動させられた痕跡はないと見るべきである。

　石室構造については宮内庁の報告をまつことにし，別の問題を述べておきたい。今回の発掘によって石室の入口の位置とその主軸の方向が正確にわかった。これについて少し疑問がある。通常大和の前方後円墳に横穴式石室が埋置される場合，墳丘の主軸に対してほぼ直交する。ごく一部，とくに古式の横穴式石室では異なる場合がある。丸山古墳の横穴式石室は後円部墳頂の円丘部分に築造されている。石室の入口から石室長を墳丘の内に求めるとほぼ奥壁が円丘の中心に一致する。しかし石室の開口方向は墳丘の主軸に直交も並行もしない。主軸に対して約150°の傾きがある。しかし石室の主軸はほぼ真南に開口している。つまり石室を南に開口させるため墳丘の主軸を無視したと言えるのである。石室を南に開口するのは終末期古墳の大半がそうである。石室の構造からみても6世紀末以後の終末期の横穴式石室のタイプであり，ここには終末期古墳の意識があると言えよう。そうなると墳丘そのものにも疑問が出てくる。丸山古墳の後円部墳頂に比べ前方部墳頂は低く平らである。墳丘側面だけ見れば，前期古墳のような形態をしているのである。この原因は後世に前方部頂部の封土を削ったと考えれば納得でき

19

る。しかし全長300mを越える前方後円墳であり，墳頂部のみと言えど大量の土砂である。少なくともこの部分の土砂が墳丘の周辺には見あたらない。墳頂部の土砂を古墳外に持ち出さないかぎり，移動した土砂によって不自然な地形ができるはずである。墳丘の下部にそれほどの不自然さは認められない。もともと前方部の墳頂部分は盛り上げられなかったと見るべきではないか。墳丘の一部は未完成ではないかとの疑問がでてくる。さらに次の点でもそれが傍証できよう。

古墳の前方部西隅部分を斜目に道路が横切っている。すでに指摘されているように，岸俊男は下ツ道の端が丸山古墳に突き当るとしている。これは実際に地図上でも確かめられる。しかし古墳に突き当った道はそこからどこへ行くのか，通説ではそこから直角に西に折れ，現見瀬町の下方へ迂回して南にゆき紀路につながると言う。しかしこれはあまりにも不自然である。下ツ道が完成していたとみられる7世紀後半からみても古墳は最長でもわずか百年前の築造である。道は古墳の存在するかなり手前から見瀬町の方にゆるやかに曲げるはずである。しかし下ツ道は確実に真すぐに古墳にあたっている。この事実から道は現状のように墳丘の一部を横切って紀路につながっていたと言うべきではないか。つまり前方部は古墳と意識されていなかったと考えられる。以上の点をまとめると，墳丘は未完成であった。とくに前方部頂部は作られなかった。しかし後円部は完成し，石室がある。しかしこの石室には前方後円墳の消滅した以後の石室の印象があるということになる。大和では6世紀末までには前方後円墳の築造は終わっている。丸山古墳の平面の墳形から見ると6世紀中頃〜後半のものと言えるが，石室が6世紀末頃のタイプである。あえて比較するならば牧野古墳の石室に最も近い。墳丘と石室の年代が一致しないのである。

以上を合理的に説明しようとすれば，この古墳は寿陵で前方後円墳の設計がなされ作り始めたのは6世紀中頃，しかし墳丘の頂部の段までできた段階で中止された。その後6世紀末に近い頃，後円部頂上に横穴式石室を入れた円丘を築いた。つまり中止された段階で未完成であるから古墳とする意味はなかった。ところがこれを台として直径60mほどの円墳を築いたのである。直径60m程度の円墳，そして南に開口する巨石の横穴式石室，これは正に終末期古墳そのものである。憶測を続ければ当初後期古墳としては確かに大きい前方後円墳を寿陵として築き始めたが，その途中で築造工事は何らかの理由で中止，おそらくこのあたりに前方後円墳の採用をやめ，方墳や円墳を採用するという墓制の変化があったのであろう。ついでであるが，丸山古墳と同時期の大阪府河内大塚古墳についても前方部が平らで墳形としてはおかしい。以前村があったとのことで削平したと考えられているが，私は未完成古墳とみる。しかし本来埋葬されるはずであった人物の死によってそれを台として終末期古墳を築いたということになろう。後世長く丸山として認識されてきたのも，もともと円丘の古墳として築かれていたことを伝えているのではないか。古墳の周濠などの発掘によっても墳丘に葺石などが全く見られない点も未完成だということの傍証になろう。

ところで，これまで現欽明陵（梅山古墳）は外形，立地からみて最も新しい前方後円墳と見られてきた。とくにその立地が前方後円墳であるにもかかわらず丘陵の南側を門字形に穿って築いている。これは風水思想による終末期古墳特有の占地である。飛鳥の前方後円墳として，この古墳が最も新しいものとすれば，これが欽明陵と考えやすい。現在の宮内庁による指定も正しいかもしれない。しかし丸山古墳が最大の横穴式石室を持つことからこれを欽明陵と考える方が多かったのである。しかし墳丘が後期古墳としてやや古いという点で欽明陵とするにはためらいがあった。しかし丸山古墳が円墳となると次のようになる。

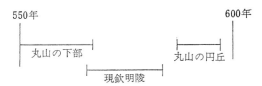

以上のようになると現欽明陵は丸山古墳よりは古くなり，6世紀後半〜末頃つまり欽明天皇崩御以前に亡くなった有力者を求めるべきであろう。『日本書紀』によると欽明は32年という非常に位在の長い天皇であり，少なくとも6世紀中頃には寿陵として前方後円墳を築き始めていたと考えることは充分可能である。しかし墓制の変化などの理由によって前方後円墳を止めたものと思われる。

※横穴式石室の葬送儀礼・呪術については紙面の関係で省略した。また註についても同様である。

特集 ● 横穴式石室の世界

石室の系譜と構造

横穴式石室はどこからもたらされて，どのように伝わり消滅していっただろうか。またその構造にはどんな特色があるだろうか

三国時代の横穴式石室墳／横穴式石室の導入と系譜／横穴式石室の地域間動向／横穴式石室の構造／横穴式石室の終末

三国時代の横穴式石室墳

韓国・啓明大学校博物館
曺　永　鉉
（チォ・ヨンヒョン）

高野山大学教授
堀田啓一（訳）
（ほりた・けいいち）

三国時代の横穴式石室墳の内部構造を中心に，その分類と系譜を高句麗，百済，加耶，新羅にわけてたどってみよう

　横穴式石室墳は種々の墓形中，構造上もっとも発達した三国時代の後行墓形である。地域によって受用時期が違っても，初源墳は群内最大級であって，たとえ在来墓形と共存期を経るとはいえ，甚しくは三国時代の以後まで共存しても，在来墓形が下位墓形として格下げになることによって，最後には共通する主墓形として定着した。
　横穴式石室墳の出現形態は，外来類形をそのまま受容しようが在地墓形に羨道だけ設置し，また，基本的には外来類形であるが，構造部位を変形させて築造することで多様に現われた。出現期の多様な類形を過ぎ，地域単位の類形段階を経た後，徐々に広域単位の類形段階へ変化した。
　本文では三国時代横穴式石室墳の内部構造を中心に，類形別，標識的な例を列挙し築造趨移の輪郭を明らかにしようと思う。そして，横穴式の規定は覆道としての機能が明らかな，羨道が設置された整形の横穴式として限定でき，趨移を把握するのに避けられない一部地域の横口式を包含する。

1　高句麗の横穴式石室墳

　三国時代の横穴式石室墳は高句麗領域内，大同江流域での中国系住民達の在地塼室墳と，遼陽系多室墓から出現した。在地塼室墳の塼材から石材へ，また，塼石混用を経て石材に代わることになると同時に，多室墓とともに横口式から横穴式墓形へと変化する時期は，4世紀の中期と考えられる。
　塼室墳の影響で現われる類形は，塼室墳の諸類形の如く側室墳と前後室墳，そして，単室墳である。各類形の初現形態は側室墳の場合，大同江面1号墳（図1の③。以下カッコ内は図1の番号と同じ）を継承しつつ前室が小さくなる高山里7号墳（4）を，前後室墳の場合，駅前2号墳（②）を継承した薬水里壁画墳（3）をあげうる。単室墳は大同江面10号墳（⑤）の系列とみられる，中央羨道式である南井里119号墳（6）をあげることができる。
　遼陽系多室墳の影響で現われる類形は，遼陽南雲梅村2号墳（④）の系列であるが，回廊を備える側室墳として築造した安岳3号墳（2）と，三

21

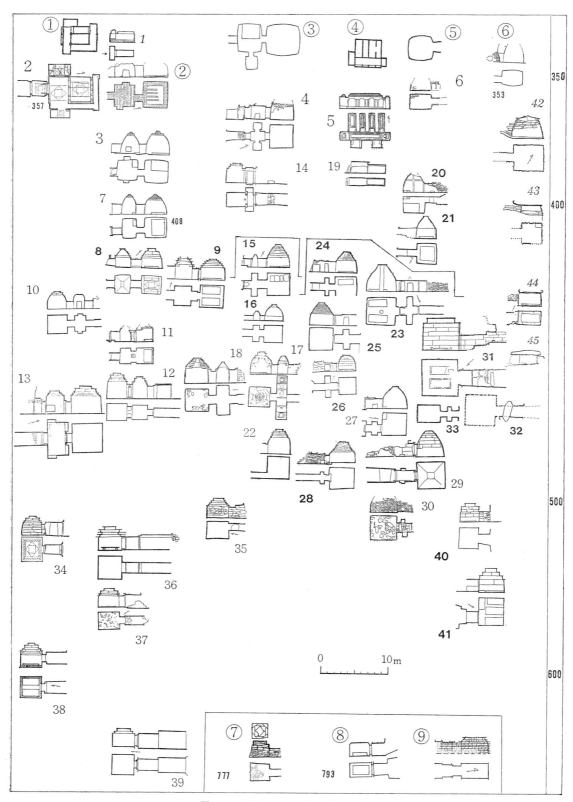

図1 高句麗横穴式石室墳の築造推移

道壕壁画墳（①）の直系たる遼東城塚（5）である。一方，安岳3号墳と隣接する安岳4号墳（五局里古墳）（1）は，三道壕壁画墳式の中央玄室と羨道だけを採択した横口式であるために，安岳3号墳より先に築造されたといえる。それで，この後も遼陽系多室墳は現われなくなり，ただ残影として遼東城塚の羨道と一室だけを備えた土浦里1号墳（19）がある。このように初期から側室墳と前後室墳が同じに現われ，平面構図上，塼室墳のそれよりはわずかだが胴張り気味を示す例（3，6，7）が多い。

側室墳の趨移は高山里7号墳に続いて，羨道に「⌐字形」で低い側室を設置した台城里1号墳（14）を経て，高山里9号墳へと発展したものとみられる。築造時期の下限は5世紀後半と推定される。

前後室墳の趨移は薬水里壁画古墳に続いて，408年の絶対年代墳である徳興里壁画古墳（7）を過ぎて，龕神塚（10），八清里壁画古墳（11），双楹塚（12）の築造順序と考えられる。前室の形態が正方形から長方形へ，内傾曲率（断面弓差）は少なくなる傾向があり，築造時期の下限は5世紀後半代の中葉と推定される。一方，双楹塚の築造時期には天王地神塚（17），大安里1号墳（18），蓮花塚（13）などと同じく玄室の幅より長い長方形前室が流行した。

龕施設は前後室墳の中にもあったが（2，3，10，13），単室墳たる伏獅里壁画古墳（27），伝東明王陵[1]（29），地境洞古墳（30）にも現われており，下限年代は最近発掘された迎日冷水里石室墳の例からして，6世紀中期前後に見られる。

鴨緑江流域の横穴式石室墳は，右偏羨道と穹窿状天井を備えた平壌の永和9年在銘塼出土の塼室墳[2]（6）と，類似した万宝汀1368号墳（20）が初源形態といえるのであり，築造時期は4世紀末に推定される。以後に環文塚（21）のように，正方形平面と中央羨道式へ固着されて，6世紀前半代

のある時期まで維持された後，天井が低く幅広になった底平穹窿式，いわゆる穹窿平天井へ変貌して下位類形へと持続された。

本格的なる横穴式石室墳の築造段階は，平壌遷都以後に現われたのである。牟頭婁塚（8），長川1号墳（9）のように正方形前室を備えた前後室墳は，大同江流域の徳興里壁画墳式をそのまま受用した。また舞踊塚（15），散蓮花塚（16）のように幅狭になった細長方形前室を備えた，輯（集）安式の前後室が流行した。次いで5世紀中期になると，禹山下12号墳（南墳24）と山城下332号墳（25）で見ることが出来る如く，長い長方形前室の高さが羨道より低くなって龕として変貌した後，この龕は時間が流れるに従って小さくなる趨勢となって現われた。一方，大同江流域の大安里1号墳のように，前室の両側部に別途の天井部を構成した例が麻線溝1号墳（23）から現われた。

5世紀末前後の時期になると，すべて単室墳となって現われる。地表上式とともに切石加工石材の事用例が多くなり，小単位の地域にまで中小形墳が群をなし，大拡散するなど後期古墳時代の様相をみせる。そして，一つの封土内に同時または追加築造された双室墳から七室墳まで，埋葬空間の連接配置方式もより拡大された。

大形墳の趨移は大同江流域の場合，梅山里四神塚（狩猟塚，22）から湖南里四神塚（34）と普林里大洞8号墳（35）を経て，伝漢王墓（36）へ，また湖南里1号墳（37）から江西大墓（38）を経て江西中墓（39）へ変貌する推移がみられる。鴨緑江流域の場合は，6世代に禹山下四神塚（40）に続いて五盔4号墳（41）が出てくる。

一方，4世紀前半期から5世紀後半代中葉以前の築造時期にみられる階段積石塚の内部構造も，「墓道標示」[*1]の墓道だけ備えた横口式で，玄門部が明確な整形の横口式を経て5世紀中期に至ると，はじめて横穴式へと変貌する趨移と考えられ

〇付番号（参考古墳）：遼東横口式石室墓，大同江流域の中国系塼室墳，渤海横穴式石室墳
①（遼寧）遼陽三道壕壁画墳，②平壌駅前二室墳，③平壌大同江面1号墳，④（遼寧）遼陽南雪梅村2号墳，⑤平壌大同江面10号墳，⑥平壌永和9年銘前室墳，⑦（吉林）敦化六頂山1M2号墳（貞恵公主墓），⑧（吉林）和龍貞孝公主墓，⑨（黒龍江省）寧安三霊屯古墳
明朝体：大洞江流域の横穴式石室墳，ゴチック体：鴨緑江流域の横穴式石室墳，イタリック体：安岳と輯安（階段積石塚）の横口式石室墳

1安岳4号墳（五局里古墳），2同3号墳（冬寿墓），3同4号墳，4平壌高山里7号墳，5順川遼東城塚，6平壌南井里119号墳，7大安徳興里壁画墳，8輯安牟頭婁塚，9輯安長川1号墳，10龍崗龕神塚，11大同八清里壁画墳，12龍崗双楹塚，13江西蓮花塚，14江西台城里1号墳，15輯安舞踊塚，16輯安散蓮花塚，17順川天王地神塚，18龍崗大安里1号墳，19平壌土浦里1号墳，20輯安万宝汀1368号墳，21輯安環文塚，22龍崗梅山里四神塚（狩猟塚），23輯安麻線溝1号墳，24輯安禹山下12号墳（右側墳），25輯安山城下332号墳，26輯安長川2号墳，27安岳伏獅里壁画墳，28輯安山城下983号墳，29中和伝東明王陵，30平城地境洞古墳，31輯安将軍塚，32輯安兄塚，33輯安有龕塚，34平壌湖南里四神塚，35江西普林里大洞8号墳，36江東伝漢王墓，37大同湖南里1号墳，38江西（遇賢里）大墓，39同中墓，40輯安四神塚，41輯安五盔4号墳，42輯安折天井塚，43輯安太王陵，44輯安禹山下41（1041）号墳，45輯安将軍塚第1陪塚

23

る。平壌遷都を基準にして，以前の横口式は築造時期を4世紀末とみられる折天井塚（42）と，広開土王陵とみられる太王陵（43）であり[3]，以後は壁画墳である禹山下41号墳（44），そして将軍塚の第1陪塚（45）へと続いていく。横穴式階段積石塚は，5世紀後半代の築造時期といえる将軍塚（31）と，それとよく似た構造たる兄塚（32），そして，羨道左右壁に龕施設がある有龕塚（33）がある。将軍塚は兄塚より先築墳としてみることができ，それは以前の横口式石室を備えた半地下築造様式を将軍塚が継承するに比して，兄塚は地表上築造様式で築造されたことによる。これは地表より確かに高い空中式であるが，半地下から地表上へ昇っていく築造要素の変化を意味する。

高句麗横穴式石室は渤海時代になると，絶対年代が777年の敦化六頂山M2号墳（貞恵公主墓⑦）へと続いていく。その後には793年和龍の貞孝公主墓（⑧）と，寧安の三霊屯古墳（⑨）は高句麗古墳の要素を退色させたものであることを示している。

2　百済の横穴式石室墳

南韓での横穴式石室墳の出現は宋山里式穹窿天井墳であり[4]，百済横穴式石室墳の根幹は宋山里式と，これ以後に築造された陵山里式である。また，宋山里式の流行時期に，全南地域の在地勢力で採用した栄山江式の横口式石室墳がともに流行した。したがって，この外の異なる類形は外来類形であるか，自体で派生された類形とみることができる。

宋山里式は築造材料が割石であり，右偏羨道を備えたものであり，時間を経るに従って（近）長方形から正方形へ，そして，半地下式から地表上式へ変化した（図2の1，2，3。以下，カッコ内は図2を省略）。

宋山里古墳群内末期段階の宋山里式が，北ではソウル可楽・芳荑洞古墳群（5，6，7），東北では中原の楼岩里古墳群，南では益山の笠店・熊浦里古墳群（8），東南では小白山脈を越えて「大」加耶の治所地古墳群（10）などで出現するように，領域内は勿論，加耶圏の核心部へ拡散しつつ築造された。分布範囲において，漢江南岸まで北上したのに比して，南下限界は錦江河口の南岸である点が注目される。拡散された古墳群などは，当時は単位地域の主古墳群であり，とくに初現墳は群内の最大墳でもって在地首長がまず受用したであ

ろうことがわかる。

これら拡散地域の宋山里式は徐々に構造部位に変化をみせてくれる。内傾部位の下向，壁体下端石の垂積，そして，非百済領域と新羅領域へ編入される旧百済地域では，左偏と中央羨道と横長方形玄室が出現する。宋山里式の系譜はひとまず輯（集）安の穹窿天井墳に推定することができよう。一方，日本の「畿内型」横穴式石室が宋山里式である点からして，日本の畿内勢力と百済公州勢力が，どんな形態かによらずその関係の一端をみせてくれる。

第二の類形は南韓の唯一な絶対年代墳である武寧王陵（11）と，公州時期の唯一の壁画墳である宋山里6号墳（12）のトンネル天井式塼室墳である。この塼室墳の系譜は中国南朝の塼築墳であり，この後のトンネル天井式は石築造である。陵山里伝王陵群の最先築墳である2号墳（中下塚，13）が武寧王陵式であり，持送り式に近く変形した吾谷里石室墳と緩曲したトンネル形である古衙洞壁画古墳（14）は，宋山里6号墳の立面構図を備えた。そして，古衙二洞古墳と壁画古墳が百済系であることによって，「大」加耶と百済の当時の密接な関係を伺うことができる。

第三類形は宋山里式の後半段階から現われるものといえる，割石造の長方形持送り式天井の石室墳である。この類形は宋山里式より北方分布範囲は確かに築造されており，南方では栄山江流域まで広がっているけれども，栄山江流域では公州，扶餘地域の構造形態そのもので異なるところはなかった。この類形を備えた古墳群も初現墳が最大墳である点は，単位地域の有力層がまず採用したことを示している。百済扶餘時期の前半期に，主に地方で多く築造されたものであり，築造時期の中心年代は6世紀後半代とみられる。表井里6号墳（25）──甫通里1号墳（26）──隠仙里N号墳（27）──甫通里4号墳（28）の築造順序といえる。

第四類形は陵山里式，または扶餘式と呼ばれている平斜天井古墳で板石造りが主流をなす。陵山里の伝王陵群と隣接した東古墳群，そして，益山双陵をあげうる。この類形は中下塚のトンネルが縮約されて発生したものと考えられ，時間が過ぎるにつれて板石材と磚石材の加工度が非常に精密となった。割石造の趨移は形態上，持送り式と類似するように変貌したが，持送り式が四壁を狭く積み上げるのに比して，この類形は両長壁だけ狭く

して前後壁は垂直である点で根本的な差がある。

一方，扶餘時期前半期の二人葬が，後半期には一人葬へ変化することで玄室幅が狭くなり，羨道の長さも短くなった。このような様相は，中国の南朝陳代の小さい長方形玄室からの影響を受けた可能性もあり，またこれが日本で流行した大石造り長方形石室墳の平面形態に影響が及んだ可能性がある。いずれにせよこの類形は扶餘時期の後半期になると，栄山江一帯を含めた百済領域に普遍的類形として築造されたが，すでに古墳時代の終末期に該当するもので，地域的としては数字は多くない。築造順序を陵山里古墳群でみると，東4号墳（16）──→東上塚（17）──→東1号墳（18）──→東5号墳（19）──→7号墳（20）となる。

第五類形は公州地域一帯に限定される分布をみせる板石造りの斜天井式である。築造材料が加工された板石であり，長方形で陵山里式と天井形態のみ異なるだけの同じ脈絡とみられるため，築造時期は6世紀末から7世紀前半代に推定できる（24）。

第六類形は陵山里東下塚（21），羅州興徳里石室墳（22），大安里石室墳（23）の構造である垂直平天井墳である。扶餘時期で唯一の壁画墳たる東下塚は，整形門部まで備えたものであり，興徳里石室墳は単封内に同時築造された同級の双室墓として南韓では唯一の例だが，高句麗では同時期にしばしば現われた類形である。築造時期は東下塚を6世紀末に，そして，興徳里石室墳は7世紀初に，大安里4号墳は平斜天井式の末期形態と同じものとして7世紀中期に推定できる。

一方，全南地域とくに栄山江流域では，宋山里式に対応するに価する整形の横口式石室墳が流行した。このような類形の横口式は海南造山古墳（①）と，長城鈴泉里石室墳（②）を標式にあげうる鈴泉里式，または栄山江式として設定することができる。構造上の特徴は埋葬空間施設の高さが，在地の甕棺墓のように地面より確かに高い空中式ながら，半地下式の築造様式を保ち，前壁が後壁より幅が狭く高さが低い玄室の規格をもつ点である。この外にも宋山里式の右偏羨道と違って，中央羨道を備えた。これと同じ類形は時期上，先築する日本九州地方の横口式石室墳[5]と同じ築造様式を示している。したがって栄山江式の系譜は，九州系横口式石室墳として出現したが，両者の遡及された系譜は内部構造にみる場合は平

壌の南井里119号，外部構造でみる場合は輯（集）安やソウルの横口式階段積石塚に推定できる。この類形の残影はソウル可楽洞の旧2号墳と5号墳（③）に現われる。この外にも穹窿平天井式の羅州宋堤里石室墳（31）が，在地栄山江式の規格を示している。栄山江式の下限は持送り式を類形とする時期に推定できるもので，この後に変行する形態で出現する例が保寧古墳群である。

3　加耶の横穴式石室墳

加耶圏の横穴式石室墳は割石造りとして，受用期には「大」加耶の治所地と単位勢力から，同一な類形として出現するものでなく，受用時期の差異もあり，はなはだしきは一部の勢力には横口式を受用した。ところで共通する構造要素は，長方形という点である。

初源形態は全南地域と近い晋州地域から出現する。水精峰2号墳（図2の35。以下，カッコ内は図2を省略）が標式となる，いわゆる水精峰式として在地長方形竪穴式石室墳の短壁部に，短い羨道を備えた平天井古墳である。受用期の晋州地域は中央羨道式で，栄山江系の影響をみせているけれども，時期上で若干離れる他地域では左偏羨道が多い（36）。初現時期は6世紀前半代の中葉頃であり，下限時期は7世紀初に推定される。時間が過ぎれば過ぎるほど，玄室の長さが少しずつ短くなる傾向を有するもので，平面比は1.5から2.0未満が普遍的である。

長方形平天井式の次に出現する類形は，宋山里式の変形形態である穹窿平天井式である。萌芽形態は陜川の苧浦D-1-1号墳（29）で，穹窿式の内傾曲率と高さを備えたものだが，天井石が2枚以上で長方形プランである。新羅領として編入された後に天井は徐々に低くなり，天障石の範囲は広くなって（29, 30），終りには金海の三山里式（32）で定着した。

一方，「大」加耶の治所地では末期にトンネル式と穹窿式の後行形態，そして，両者の複合形が出現するのであって，それは古衙洞壁画古墳（14）と古衙二洞古墳（10），そして池山洞折上天井塚（15）である。とくに「大」加耶圏に包含されていた雲峰高原の首長墓といえる斗洛里2号墳は，「大」加耶が滅亡した直後に宋山里式の後行様式として築造された点が注目できる。

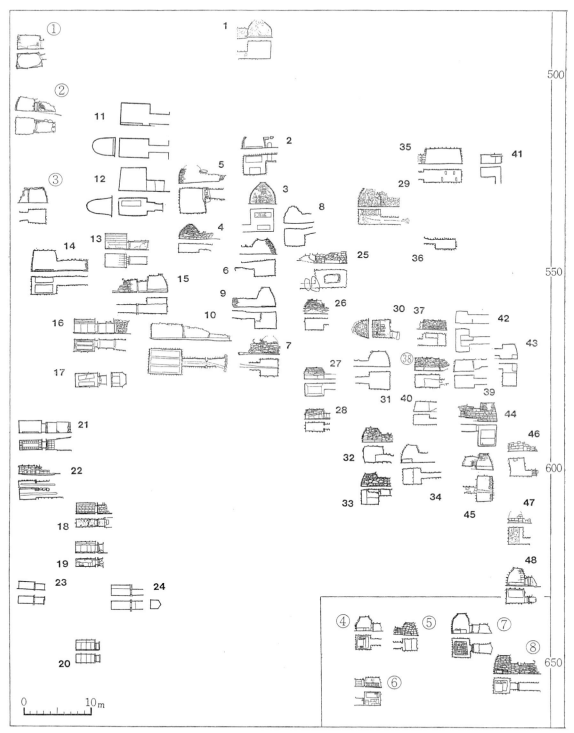

図 2 百済, 加耶, 新羅横穴式石室墳の築造序列

○付番号（参考古墳）：①海南造山古墳, ②長城鈴泉里石室墳, ③ソウル可楽洞5号墳, ④慶州西岳里石室墳, ⑤慶州忠孝里廃古墳, ⑥慶州九政洞方形墳, ⑦慶州双床塚, ⑧慶州璋山古墳, ㊳ソウル中谷洞甲号墳

ゴチック体番号：百済, 新羅, 加耶横穴式石室墳

1 公州宋山里1号墳（軽部1号墳）, 2 同29号墳, 3 同5号墳, 4 公州新基里石室墳, 5 清州新鳳洞1号墳, 6 ソウル芳荑洞1号墳, 7 同4号墳, 8 益山笠店里1号墳, 9 南原斗洛里2号墳, 10 高霊古衙二洞古墳, 11 公州武寧王陵, 12 公州宋山里6号墳, 13 扶余陵山里2号墳（中下塚）, 14 高霊古衙洞壁画古墳, 15 高霊池山洞折上天井墳, 16 扶余陵山里東1号墳, 17 同6号墳（東上塚）, 18 同東

26

4　新羅の横穴式石室墳

　新羅の横穴式石室は，王京である慶州からの領域内，単位地域でまず発生した。6世紀中期になると在来の積石木槨墳から徐々に脱皮し，すでに周辺地域で大きく流行していた横口式石室墳を受用しはじめた。このように受用された横口式から，再び6世紀後半代の中頃に，横穴式が出現するようになった。したがって，出現期の横穴式石室墳は横口式石室墳と，平面・断面の形態がよく似た点が特徴である。

　第一類形は縦長方形の平天井墳として，東川里瓦塚式（35）と梁山の北亭里18号墳式（40）である。東川里瓦塚は慶州横穴式石室墳の初源墳であり，北亭里18号墳の類形は新羅の膨張地域であるソウル中谷洞甲号・乙号墳（38）と，咸興道蔵山古墳（39）群まで，新羅式の短脚高杯とともに出現する。築造時期の下限は7世紀初に推定できる。

　第二類形は横長方形の平天井石室墳である。6世紀前半代の築造時期とみられる金陵の西部洞石室墳（41）が初現形態であり，栄豊の邑内里壁画墳（43）の段階となるが，台粧里石室墳（44）と麗州の梅龍里2号・3号墳（45）の如く発達した形態に発展して，7世紀前半代のある時点まで築造されたものとみられる。慶州においては6世紀末に推定される東川里石枕塚（42）がある。

　第三の類形は整形の穹窿平天井式石室墳である。この類形は洛東江上流の安東安慕洞古墳（33），そして，麗州の甫通里石室墳（34）と，東海岸に沿って通川の旧邑里古墳群まで広がり，分布する。そして，忠孝里式が慶州以外の地域ではいまだ確認されていないことによって，新羅領域内の各地方での穹窿式で表現される石室墳は，この類形である可能性が濃厚である。

　統一新羅時代に近づいてくると，天井が非常に低くなっていく例が現われてくるのであって，極端的である例は義城塔里東4号墳と慶州の九政洞方形墳（6）をあげることができる。一方，小形墳は内傾部に割石と板状石を混用することでもって，あたかも高句麗の抹角天井式と類似した形態といえる例が大多数である。高句麗領域においてもこの類形が多く現われているのであって，系譜上の関連ということよりは小形墳に適合した築造方式として，両地域で各々に発生したものと考えられる。

　第四の類形は最近調査された，迎日の冷水里式として長方形の一段積み天井墳である。6世紀中葉の築造時期といえるのであり，高句麗石室墳の築造要素を多く備えている。何よりも新羅の王京と非常に近接した北方路上に，単位勢力の首長級が高句麗的要素が濃厚な墳墓を採用した点は，いろいろと示唆するところが多い。

　第五の類形は慶州で出現して以後，統一新羅の横穴式石室の主類形となる忠孝里式の穹窿天井墳である。その初源形態は横長方形の平面形態と左偏羨道，そして，門部施設がない単純な玄門部を備えたものだが，徐々に正方形の平面形態と中央羨道，そして整形の門部と屍床台を設けるようになった。築造様相をみると，忠孝里3号墳（46）──→忠孝里2号墳（47）──→忠孝里8号墳（48）の順序といえる。統一期には双床塚（7）──→獐山土偶塚（8）へとつながっていく。

註
1）　伝東明王陵を長寿王に比定する。それは階段積石塚の築造要素と同じ空中式と墓域施設，そして，背後に伝漢王式天井墳を主流とする広域陪塚群の主墳である点。また穹窿式は勿論，将軍塚の構図様式と類似した輯安式であるためである。平壌時期の第一番目の王として，中始祖の位置が建国始祖に訛伝されたものではないだろうか，と思われる。
2）　導室墳の天井形態がそのまま輯安式，または高句麗式の穹窿天井となった。正方形の平面形態が壁体は勿論，天井部までつながっていく所謂四隅維持方式である。
3）　太王陵を広開土王に比定する。
4）　宋山里式は以後忠孝里式と共に，四隅が維持できない築造方式として，天井部の上端へあがっていきながら方形から円形へと変化する。
5）　初期の横穴式石室墳，竪穴系の横口式石室墳，九州型石室墳と呼ばれている。
*1）　「안길표시」ān-gil pyo-si を直訳すれば「墓道標示」となる。墓道は整然とした施設でなく粗雑な墓道施設で，墓道壁体の下端のみ残存した状態のようである。それ故，調査者が埋葬主体部へ入っていく「内行路」と理解し，それに標示の用語を付与した用語で北朝鮮学者，石村洞4号墳で韓国学者が表現した。

　1号墳，19同東5号墳，20同7号墳，21同1号墳（東下塚），22羅州興徳里石室墳，23羅州大安里4号墳，24公州柿木洞1号墳，25論山表井里6号墳，26甫通里1号墳，27井邑隠仙里N号墳，28公州甫通里4号墳，29陜川荢浦D-1-1号墳，30同E-14号墳，31羅州宋山里石室墳，32金海三山里石室墳，33安東安慕洞古墳，34麗州甫通里古墳，35晋州水精峰2号墳，36陜川荢浦C-1号墳，37慶州東川里瓦塚，39咸興道蔵山古墳，40梁山北亭里18号墳，41金陵西部洞石室墳，42慶州西岳里石枕塚，43栄豊邑内里壁画古墳，44栄豊台庄里壁画古墳，45麗州梅龍里2号墳（上里1号墳），46慶州忠孝里3号墳，47同2号墳，48同8号墳

横穴式石室の導入と系譜

宮崎大学助教授
柳 沢 一 男
（やなぎさわ・かずお）

4世紀に九州に始まった横穴式石室の祖形は百済や高句麗に求められる
が，形式の多様性は選択されたモデルのちがいに由来すると考えられる

1 横穴式石室の源流

古墳時代後期の墓制を特徴づける横穴式石室は，近年の調査事例からすると，九州の一角では早く4世紀に遡って出現したことが確実となりつつある。前方後円墳成立からわずか1世紀前後にして，新たな墓制への転換が準備され始めたことになる。

一つの墓室に複数の遺体を埋葬する横穴系の墓制は秦・漢の中国に始まり，4世紀に朝鮮半島の旧楽浪郡域・高句麗で横穴式石室として定型化をはたした。その点で，日本の横穴式石室の源流が朝鮮半島の高句麗や百済に祖形が求められたのは当然のことであった。

近年，韓国の横穴式石室の調査研究の進展はめざましく，また日本でも導入期にかかわる横穴式石室の調査があいつぎ，導入のプロセスの輪郭がしだいに明らかになりつつある。しかし，横穴式石室の日本への導入が波状的に行なわれた4世紀後葉〜5世紀後葉に限れば，朝鮮半島の資料は限定され不分明な部分が少なくない。したがって，日本の横穴式石室の源流をめぐる議論はなお推測に委ねるところがあり，これから解決されねばならない点も数多くのこされている。

2 初現期の横穴式石室

4〜5世紀に日本に導入された横穴式石室は，立面構造と平面図形の構成の違いから大きく2種4形式に区分され，これに加えて，横穴式石室出現の影響下に案出された竪穴系横口式石室のもう一群がある。以下，導入期に近い初現形態の横穴式石室が認められる九州と畿内にしぼって論を進める。

（1） 九 州

導入期の横穴式石室として，北部九州を分布域の中心とする北部九州型と有明海沿岸域に集中する肥後型がある。また佐賀県谷口古墳の竪穴式石室に横口部が付設するというホットな話題もあり，導入のプロセスが複雑であったことを示している。

まず北部九州型横穴式石室は4世紀末葉を前後する福岡県鋤崎古墳を最古例とする。一般に扁平な割石の小口積みで構築され，長方形平面の玄室と短壁中央に接続する短小な羨道からなり，玄室と羨道床面に段差がある。羨道前面に前庭などが取り付くこともある。玄室はあまり高くなく2〜4枚程度の天井石を水平に架構した平天井である。石室の床面高が墳丘段築を意識しておらず，任意に墳丘上部や中位につくられており，そのため石室内にはいる下り傾斜や竪坑状の墓道が設けられている。この系譜は5世紀前葉に割石積みの羨道部が省略され，代わって玄室と外部との境の左右に板石を立てる構造に転換した。割石積羨道を接続する例に佐賀県横田下・長崎県黄金塚・熊本県別当塚東古墳・同城2号墳などがあり，板石横口部に転化した最古例に福岡県丸隈山古墳があげられる。

肥後型横穴式石室は熊本県将軍塚古墳を最古例とする。長方形プランの玄室中央に短小の羨道を接続したもので，玄室周壁を上にいくにしたがってドーム状に持ち送って，頂部に1，2石の天井石を架構する。須恵器出現前の5世紀前葉に出現し，6世紀前葉までのあいだ，玄室下部の4壁に沿って板石構成の石障をめぐらすのが特徴である。熊本平野から八代平野にかけての肥後中・南部が分布中心域で，熊本県外では福岡県日輪寺古墳・大城大塚，佐賀県樋の口古墳などがあるにすぎない。直弧文彫刻のある岡山県千足古墳石室は肥後型として扱われることがあるが，肥後型本来の構造ではなく後述する筑肥型である。玄室石障は導入期以降に附加されたもので，石障を伴わない長明寺坂1号墳などがより初現的な形態に近い可能性があるが，最古の肥後型石室との先後関係は明らかでない。

肥後型石室に付け加えれば，玄室の前にいまひとつの空間（前室）を加えた複室構造の形成は，

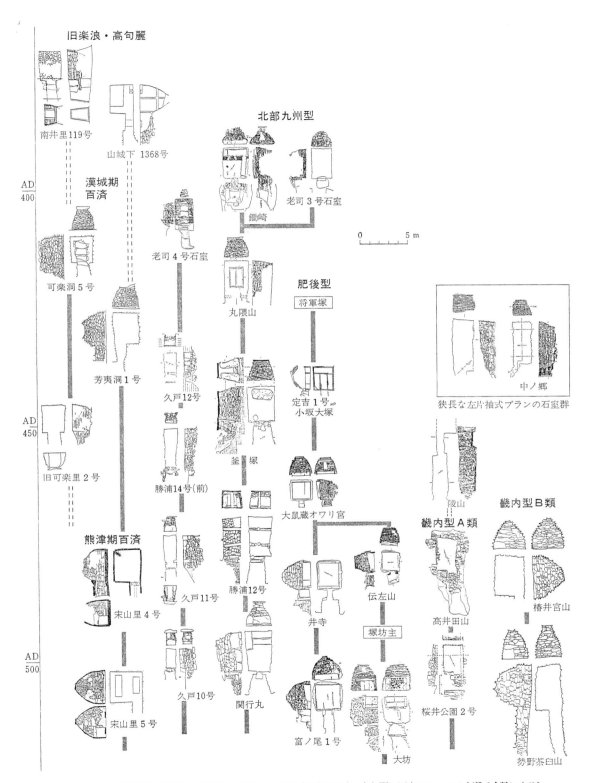

図 1 日本の初期横穴式石室とその系譜 (縮尺 1：400) (旧楽浪地域・高句麗の石室については東潮氏文献による)

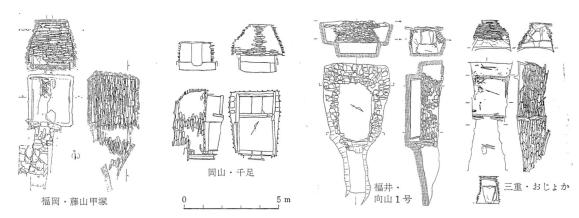

図2 筑肥型A類横穴式石室（縮尺1:200）

肥後北部の菊池川流域で始まったことが明らかとなりつつある。いまのところ，5世紀後葉の伝左山古墳を初現とし，塚坊主古墳を経て6世紀中葉を前後する大坊・臼塚古墳段階に筑前・筑後へと拡散したらしい。この定点となる伝左山古墳は片袖式・割石積羨道を採用し，それ以前の肥後型から直接的な関連を辿ることができず，肥後型をベースにしつつも新たな技術的インパクトのもとに成立した可能性がある。

さきに筑肥型と呼んだ石室形式は北部九州型と肥後型との折衷形式[1]であり，両石室型の要素の強弱でA・Bに2種に区分される。本論の主旨から外れるが，九州の初期横穴式石室の拡散状況を的確に把握するために重要なので概述しておこう。筑肥型A類は玄室が長方形で，天井があまり高くない持ち送り平天井で周壁下部に石障をめぐらすもの，B類は玄室が方形基調で側壁上部の持ち送りは弱く，横断面形が逆台形で1石の天井石を架構して石障を採用しないタイプ。両形式とも佐賀・福岡県を分布の中心とし，遠隔地分布の例として，A類に千足古墳や三重県おじょか古墳，やや変形した福井県向山1号墳，B類に大阪府塔塚古墳などがある。これらの石室は5世紀中葉前後に集中する点に注意したい。

以上のような横穴式石室に対して，竪穴系横口式石室の形成は異質である。日本での竪穴系横口式石室の出現を朝鮮半島から伝播と主張する説もある[2]が，九州の場合，いくつかの石室に加耶との系譜関係を認めるものの，その可能性は少ない。

さきに述べた谷口古墳は長持形石棺を内蔵した2基の合掌式竪穴式石室が知られていたが，近年の調査によって両石室とも前方部側の小口壁上部が開け放たれ，とくに西石室では横口部前面に前庭部を備えた特異な形態が判明した。小口壁上部に設けた開放部（横口部）は，のちの追加でなく石室構築時に設けられたと推測され，その形状から明らかに横穴式石室の影響下に設計・施工されたとみられる。

一方，福岡県老司古墳には4基の石室が確認され，そのうちの3基は小型竪穴式石室の小口壁を省略して横口部とした典型的な竪穴系横口式石室である。これに対して中心主体の3号石室は，玄室比（長さ／幅）は約1.5と一般的な竪穴式石室から導かれる形態でなく，また入口部の複雑な形態は横穴式石室的である。この石室についての評価は一定しないが，筆者は従来の竪穴式石室をベースにした変容形式でなく，むしろ横穴式石室を従来の竪穴式石室構築技術で行なった結果の改変とみている。老司古墳の2つのタイプの石室成立過程は明らかでないが，岡山県砂子山4号墳の特異な石室をあいだにおくことによって，谷口古墳以降の変化の方向性を辿るのも一案であろう。

こうした竪穴系横口式石室の形成は，早く白石太一郎氏[3]が説いたように，伝統的な埋葬施設（小型竪穴式石室や箱形石棺）に横口部を付設したもので，新たな墓制への対応というべきであろう。谷口古墳での試行的採用，老司古墳での小型石室としての定型化をへて，小型墳での主要埋葬施設として定着したとみたい。5世紀中葉をすぎると，九州のみならず東海地方以西の西日本各地に展開している。また5世紀末葉から6世紀中葉にかけて，九州系と形態を異にする竪穴系横口穴式石室が関東地方までの広い範囲で認められる。横穴式石室に先行して出現する事例が多く，これら

が九州からの一元的な影響下に成立したのか，それとも朝鮮半島の竪穴系横口穴式石室と関連するのか，あるいは当該地域での横穴式石室導入期を契機とした在来墓制の変容形式であるのか，全体的に検討すべき段階にきている。

（2）　畿内および周辺

5世紀中～後葉にかけて散発的に出現した横穴式石室の多くは，先述したように九州系石室で墓制として定着することがなかった。この地域で横穴式石室の継続的築造が始まるのは後～末葉からである。以下，森下浩行[4]・山崎信二[5]氏らの先行研究によりながら，私見を交えつつ導入期横穴式石室の概略をみてみよう。

導入期の横穴式石室として片袖式長方形プラン・（持ち送り）平天井構造と，片袖式長方形ないし方形プラン・穹窿状天井構造の2種があり，前者を畿内型A類，後者を同B類とする。初現期の石室例にA類に大阪府高井田山古墳，B類に奈良県椿井宮山古墳があげられよう。これまでA類の初現例として大阪府藤の森古墳を求めるのが一般的である。しかし，玄室比が2という狭長な平面構成と平天井構造，ならびに高井田山古墳との年代上のヒアタスを埋めることが困難であり，現時点で直接的な系譜関係を認めがたい。なおこの石室に酷似する石室が，九州・熊本県朱塚古墳にも認められることにも留意したい。残念ながら両石室とも詳細が明らかでなく，系譜関係の有無に関する検討は今後の課題として残る。

さて畿内型A類の高井田山古墳は玄室が片袖式の長方形プラン，周壁に小振りの塊石ないし割石を使用して小口積したもので，崩壊した天井部は3石程度らしいことから，持ち送り平天井構造と推測される。石室内供献土器はTK23型式でもやや新しい段階の5世紀後葉としておきたい。その後，この石室系譜は玄室・羨道の長大化と石材の大型化をはかり，奈良県桜井公園2号墳・大阪府郡川西塚古墳などを経て，6世紀前～中葉ころに新たに両袖式玄室を生み出すにいたった。

一方，畿内型B類の初期の一群は奈良県平群谷に限定的に分布するにすぎず，A類に対して少数派である。本類最古例と想定される椿井宮山古墳は出土遺物がなく年代の決めてに欠けるが，使用石材が小振りであること，石室プランや穹窿状天井構造から5世紀代に遡る可能性がたかい。これに継続する能勢茶臼山古墳までは1石で玄室天井

を覆っているが，その後，A類同様の変化の方向を辿り，玄室はしだいに高さを減じつつ複数の石材で覆う天井構造へと変化するらしい。

なおB類に付け加えれば，かつて水野正好氏が提示した近江の旧滋賀郡大友郷一帯に分布する穹窿状天井系石室[6]の存在も注目される。この石室は6世紀前葉に出現するが，畿内型B類とは玄室平面形や袖構造に違いがあり，直接的な系譜関係を想定しにくい。水野氏が指摘したように，この地に移入した渡来人の出自に由来する墓制であり，こうした渡来集団による新たな石室導入も少なくなかったであろう点に注意したい。

ところで和歌山県紀ノ川流域にはTK208型式の須恵器を出土した陵山古墳の横穴式石室がある。詳細不明だが，玄室は片袖式の長方形プラン・平天井と推測される。異常に長い羨道は，石室を墳丘中央に配置するために取られた措置と解してよければ，基本的な石室形態は畿内型A類に通じる。先述した藤の森古墳とともにA類形成の定点とみた高井田山古墳に先行するが，やはりこの間には埋めがたい構造上のヒアタスがある。こうした横穴式石室をどう理解するか成案をもたないが，畿内型成立前に個別・直接的，かつ一過的な横穴式石室の導入が試みられたことを予想せざるをえない。

また紀ノ川下流域には，高い玄室空間とそれを支える石棚・梁構造や，玄室前道などに特徴づけられる岩橋型石室が集中的に分布する。初現期の形態は森浩一氏[7]が指摘したように，大谷山6号・花山6号など短小な羨道を接続する片袖式長方形プラン玄室で平天井構造であったと予想される。これらは基本的に畿内型A類に等しいが，初期の石室にみられる袖部の突出や，土生田純之氏[8]が指摘した玄室壁面にみられる突起石の存在のほか，大谷山28号墳の石障配置など，その形成過程に肥後型石室との密接な技術交流が認められる事実に着目すれば，畿内型と異なったルートで導入された可能性がある。

3　初源期の横穴式石室の系譜

以上を要約すると，日本への横穴式石室の導入は朝鮮半島に近接する九州に始まり，まず4世紀末葉前後に北部九州型石室，5世紀前葉に肥後型が成立し，遅れて案出された筑肥型が畿内以西に拡散し，畿内周辺では5世紀後～末葉に畿内型A

31

類，畿内型Ｂ類，岩橋型石室があいついで成立した。そして石室形式の多様性は，導入時に選択されたモデルの違いに由来すると理解される。しかしこうした図式的解釈だけでは理解できない石室も少なくない。畿内型Ａ類の高井田山古墳に先行する陵山古墳や，やや変形の藤の森・朱塚古墳石室などがそうした例で，以上の石室系譜と異なる一過的な導入の可能性も想定すべきであろう。

それはさておき，横穴式石室の源流については古く喜田貞吉氏以降，祖形が朝鮮半島に求められるとの見通しのもとに研究が進められ，現在，北部九州型・肥後型が漢城期百済，畿内Ａ・Ｂ類，岩橋型は熊津期百済の横穴式石室を祖形とみなす理解が一般的である。しかし，漢城期百済の横穴式石室については有力な反論がある。早く金元龍氏[9]らの指摘をはじめ，1970・80年代に調査されたソウル特別市可楽洞・芳夷洞古墳群調査の横穴式石室から5世紀代に遡る土器が確認されないことから，これまで漢城期と認めてきた横穴式石室は漢江流域一帯が6世紀中葉に新羅に帰属したのちの築造であるという所説である。出土土器の年代比定に異論はないが，仮に6世紀中葉以降の横穴式石室とした[10]場合，慶州をはじめとする新羅各地の横穴式石室の系譜と著しい違いがある[11]ことに留意したい。

この可楽洞・芳夷洞の石室の一部について，早く小田富士雄[12]・永島暉臣慎[13]氏らは石室構造の分析から漢城期に属することを認め，亀田修一氏[14]は可楽洞5号墳から出土した布目瓦や類似石室資料の検討から，また藤井和夫氏[15]は石室系譜のあり方から5世紀に遡ると想定した。筆者も楽浪・高句麗から百済熊津期にいたる横穴式石室の変遷過程と系譜関係から同様に考えた[16]。しかしこの点は直接的証明を経たものでなく，頭書に述べたように推測を重ねた想定にすぎず，さらに多くの検証を経なければ解決しないことを忘れてはならない。

最後に彼我の横穴式石室の系譜関係を概述すると，九州系の北部九州型・肥後型石室は，漢城期百済と想定した可楽洞・芳夷洞古墳群に認められる片袖・両袖式，平天井・穹窿状天井構造の2類型の石室構造にもっとも近い。もちろん横穴式石室の祖形は百済に限定されるべきでなく高句麗もその候補となるが，いま公表されている資料による限り以上のような推測にとどまる。

つぎに畿内系石室は，成立年代からみて熊津遷都後の百済横穴式石室が有力な祖形候補である。軽部慈恩分類[17]にそっていえば，穹窿状天井系の畿内型Ｂ類は1類型に，持ち送り平天井系の畿内型Ａ類・岩橋型は2類型ないし3類型に祖形を求めることができる。また，畿内型に先行する陵山古墳石室は，漢城期可楽洞・芳夷洞の石室に近似し，その段階の例外的な直接的導入であったと想定される。藤の森古墳の石室形態はこれまで朝鮮半島に未確認であり，さらに検討が必要である。

註
1) 柳沢一男「若狭の横穴式石室の源流を探る」若狭歴史民俗資料館『躍動する若狭の王者たち』1991
2) 朴廣春「伽耶・九州の竪穴系横口穴式石室の源流について」『古代朝鮮と日本』名著出版，1990
3) 白石太一郎「日本における横穴式石室の系譜」先史学研究，5，1965
4) 森下浩行「日本における横穴式石室の出現とその系譜」古代学研究，111，1986
5) 山崎信二『横穴式構造の地域別比較研究―中・四国編―』1984年度文部省科学研究費奨励研究Ａ報告，1986
6) 水野正好「滋賀郡所在の漢人系帰化氏族とその墓制」滋賀県教育委員会『滋賀県文化財調査報告書』第4冊，1969
7) 森浩一「岩橋千塚の横穴式石室」関西大学文学部考古学研究室『岩橋千塚』1967
8) 土生田純之「突起をもつ横穴式石室の系譜」考古学雑誌，66―3，1980
9) 金元龍「百済初期古墳に対する再考」歴史学報，62，1974
10) 尹煥「漢江下流域における百済横穴式石室」古文化論叢，20集（中），1989
11) 東潮「新羅・於宿知述干壁画墳に関する考察」『東アジアの考古と歴史』上，1987
12) 小田富士雄「横穴式石室の導入とその源流」『東アジア世界における日本古代史講座』4，学生社，1979
13) 永島暉臣慎「横穴式石室の源流を探る」『日本と朝鮮の古代史』三省堂，1979
14) 亀田修一「百済地域の初期横穴式石室」季刊考古学，33，1990
15) 藤井和夫「東アジアの横穴式石室」『新版日本の古代』1，角川書店，1992
16) 柳沢一男「古墳の変質」『古代を考える古墳』吉川弘文館，1989
17) 軽部慈恩「公州に於ける百済古墳（1）」考古学雑誌，23―7，1933
（引用した古墳の出典文献は紙幅の関係上割愛した。ご寛容を乞う。）

横穴式石室の地域間動向

九州——大和

奈良市埋蔵文化財調査センター
森下 浩行
(もりした・ひろゆき)

5世紀に九州から大和周辺へ，逆に6世紀の九州に大和の影響がみられるなど，九州と大和の地域間の動向は5世紀も6世紀も複雑である

日本列島で横穴式石室が最初に築造されるのは九州である。それは4世紀末頃であり，5世紀以降，主に北九州型と肥後型の二つのタイプの石室が続く。この間，他の地域では，横穴式石室はわずかにみられる程度であり，横穴式石室が全国的に波及してゆくのは畿内で横穴式石室が採用された後の6世紀以降である。

5世紀の横穴式石室は，九州以外では散見できる程度である。そのうち瀬戸内，大和周辺で，確実に九州系と呼べるものは，岡山県千足古墳，三重県おじょか古墳の横穴式石室である。大和周辺にはほかにも5世紀代の九州的な構造要素がみられる横穴式石室は存在するが，構造的に九州からの影響のみでは理解し難い点がある。

6世紀になると，畿内では畿内型横穴式石室が成立し，とくに畿内型大型横穴式石室は整然とした変遷がみられる。この頃になると，畿内からそれ以西への横穴式石室の流れもみることができるようになる。以下，数例を取り上げて検討してみたい。

岡山県津山市中宮1号墳は佐良山古墳群中にあり，全長約23mのいわゆる帆立貝形の前方後円墳である。後円部にある横穴式石室は右片袖式で，ほぼ真西方向に開口する。玄室長4.25m，奥壁幅2.62mをはかる。玄室平面形は入口に向って広くなるいわゆる羽子板形を呈する。奥壁幅に対する長さの比率は1.62である。周壁は偏平な割石を使用して，最下段から小口積みする。袖部は文字通りの右片袖であり，特別な形態はみられない。羨道は長さ3.55m，幅0.7mである。玄室と羨道の天井の高さはあまり変わらず，その差は0.5mほどである。閉塞は羨道で行なわれる。閉塞方法はまず，羨道の入口近くに4個の大きな割石を置き，その上にやや小さめの割石を天井まで積み上げる。そして，羨道の外側から板石を立て，密閉している。出土須恵器の型式から6世紀中葉頃の築造と考えられる。この石室については

白石太一郎，内山敏行・大谷晃二が畿内に直接系譜を求めている。右片袖式の縦長の長方形プランであり，玄室と羨道の天井には段差がみられることから，おそらく畿内に系譜があるものと考える。ただ，玄室平面形が羽子板形を呈する点，板石閉塞を併用している点は畿内にみられない特徴であり，九州型の特徴と考えられる。また，玄室周壁の最下段から小口積みする点は同時代の九州にはみられず，扁平な板状割石を使用する点は畿内にもみられない特徴である。なお，畿内周辺でこのような偏平な板状割石を最下段から小口積みする例を探せば，紀伊の岩橋千塚の横穴式石室にみられる。

岡山県八束村四ツ塚1号墳は直径約24mの円墳である。横穴式石室は右片袖式で，玄室長4.88m，奥壁幅1.90mの長方形プランを呈する。奥壁幅に対する長さの比率は2.57である。周壁は最下段にいわゆる腰石を立て，その上を偏平な割石で小口積みする。持ち送りの少ない平天井である。羨道は長さ1.72mの短いもので，玄室との境の床には框石が置かれる。玄室と羨道の天井には段差がある。羨道入口には両側壁に立石が見られる。閉塞構造は明らかでないが，現在，石室入口脇に大きな板石が存在する。石室に損壊などは見られないことから，他から運び込まれたものでない限り，閉塞に使用したものと考えられる。中宮1号墳の石室と同様に，羨道外側から立てかけて閉塞した可能性がある。この石室は内山・大谷によって中宮1号墳石室に対して在地的な変容を受けたものと考えられているが，右片袖式の縦長長方形プランを呈すること，天井と羨道の天井に段差がみられることから，中宮1号墳の石室と同様に畿内系の横穴式石室と考える。ただし，玄室周壁は最下段にいわゆる腰石を立て，その上を偏平な割り石を小口積みするものであること，羨道入口に板石を立てかけて閉塞を行なっている可能性があることは，畿内型横穴式石室ではみられな

33

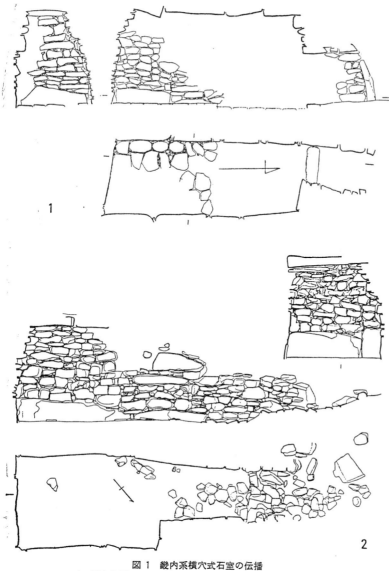

図1 畿内系横穴式石室の伝播
（1 岡山県四ツ塚1号墳，2 島根県薄井原古墳第1号石室）

からみて，玄室と羨道の天井には段差が存在したものと思われる。羨道は長さ約3.5mでやや長いが，天井石がその長さ分存在したかは不明である。羨道入口にて塊石を積み上げて閉塞を行なう。南東に開口する2号石室は玄室長4.25m，奥壁幅2.3mをはかる。奥壁幅に対する長さの比率は1.85であり，1号石室よりは細長い長方形プランを呈する。この二石室は，上記の二例と同様に右片袖式の縦長長方形プランであること，玄室と羨道の天井に段差があることから，畿内系の横穴式石室と考えられる。ただし，玄室周壁最下段に腰石を使用し，その上にやや偏平な石材を小口積みする構造は，上記の石室と同様に畿内型横穴式石室にはみられない特徴であり，むしろ九州型横穴式石室の特徴である。

愛媛県松山市三島神社古墳は全長45mの前方後円墳である。後円部に右片袖式横穴式石室があり，南南東に開口する。玄室長3.70m，奥壁幅2.00mをはかる。奥壁幅に対する長さの比率が1.85の長方形プランを呈する。周壁は最下段にやや大きな石材を用い，その上にそれよりやや小さい石材で小口積みする。持ち送りの少ない平天井である。羨道は長さ2mの短いもので，天井石は2石である。奥の天井石は手前のものよりやや下がり，楣石を意識しているかもしれない。羨道の天井石の高さは玄室の天井石よりも低く，段差が存在する。また，羨道側壁の最も奥である玄門部に位置する石材はやや内側に突出しているように見える。閉塞は玄門部と羨道入口にて塊石を積み上げて行なわれる。出土須恵器の型式から6世紀前半に位置づけられる。右片袖式の縦長の長方形プランであること，玄室と羨道の天井に段差があることから，畿内系の横穴式石室であることが考えられる。ただし，

い特徴であり，むしろ九州型横穴式石室にみられる特徴である。

島根県薄井原古墳は全長50mの前方後方墳である。後方部に2基の右片袖式横穴式石室がある。石室の基本構造はどちらも同じである。北西に開口する1号石室は玄室長3.9m，奥壁幅2.6mをはかる。奥壁幅に対する長さの比率が1.50であり，上の二例よりは長さの短い長方形プランを呈する。周壁は最下段に腰石を使用し，その上は小型のやや偏平な石材を小口積みする。持ち送りの緩やかな平天井である。天井部は一部破壊されているが，玄室天井石の高さと羨道天井石の高さ

図 2 畿内系横穴式石室（3 岡山県中宮 1 号墳，4 愛媛県三島神社古墳）

玄門部天井がやや下がって楣状になっていることや玄門部の側壁がわずかであるが，内側に突出しているようにみえる点が畿内型横穴式石室の特徴ではなく，むしろ九州型横穴式石室の特徴であると考えられる。

しかし，山崎信二によって畿内型大型横穴式石室のなかでは最古型式であると考えられる奈良県市尾墓山古墳の石室との類似が指摘されており，また宮原晋一によって市尾墓山石室にみられる玄室と羨道との境の床の段が復元されている。とくに玄門部の楣構造は畿内型大型横穴式石室の中でも市尾墓山石室の次の型式である京都府向日市物集女車塚古墳の横穴式石室にもその名残りがみられる。したがって，石室構造の一部に畿内型の横穴式石室の特徴ではなく，九州型横穴式石室の特徴がみられる点はあるが，畿内型大型横穴式石室が成立した時期の所産と考え，両者の指摘にしたがって，畿内からの伝播と考えるのが自然であろうと思われる。

以上のように，6 世紀になると，畿内系の横穴式石室も畿内以西の地域にみられるようになる。しかし，その石室構造を検討した限り，伝播の様相は複雑であり，あるいは畿内型横穴式石室成立にあたり，九州が関わっていた可能性があるかもしれない。6 世紀の九州ではたとえば佐賀県庚申堂古墳の石室のように今回検討した石室と同様に右片袖式の長方形プランで，玄室と羨道の天井に段差がありながら，玄門構造などには九州型の要素がみられるものがある。ただし，九州型横穴式石室の変遷のなかでとらえられることから，出現の契機は上記の石室とは異なるかもしれない。また，ほかにも畿内で通有にみられる両袖式の横穴式石室が出現することから，単純ではないにしろ，柳沢一男の指摘通り 6 世紀の九州に畿内の影響をみることができるだろう。九州一大和の地域間の動向は 5 世紀も 6 世紀も複雑である。

参考文献

内山敏行・大谷晃二・田中弘志「佐良山古墳群高野山根 2 号墳について」古代吉備，13，1991

白石太一郎「日本における横穴式石室の系譜—横穴式石室の受容に関する一考察」先史学研究，5，1965

近藤 正・山本 清『薄井原古墳調査報告書』島根県考古学会，1962

近藤義郎編『佐良山古墳群の研究』津山市，1952

近藤義郎編『蒜山原』岡山県，1953

宮原晋一「市尾墓山古墳の再検討」『橿原考古学研究所論集』第 9，吉川弘文館，1988

森 光晴・長井数秋ほか『三島神社古墳』松山市教育委員会，1973

柳沢一男「北部九州における初期横穴式石室の展開」『九州考古学の諸問題』福岡考古学研究会，1975

山崎信二『横穴式石室構造の地域別比較研究—中・四国編—』1985

なお，挿図は各報告書および宮原論文から一部変更して引用した。

横穴式石室の地域間動向

大和──東国

右島和夫（みぎしま・かずお）
群馬県埋蔵文化財調査事業団

横穴式石室は公認の主体部形式として畿内一円，さらには周辺の有力地域へ普及していき，東国でも6世紀初頭に受容された

　東国（関東地方）の諸地域の横穴式石室の変遷過程を概観してみると，いくつかの画期を境にしてその構造が大きく変化していることがわかる。これを内的な要因のみに基づく変化の過程として理解することは困難であり，当然，外的な影響を考慮する必要がある。そこでは，大和を中心とした畿内の横穴式石室の動向を無視することはできないであろう。

　以下，変遷上のいくつかの画期について具体的に検討してみることにしよう。

1　横穴式石室の受容をめぐって

　東国における横穴式石室の最も早い事例は，上野地域に認められる。その代表として，安中市簗瀬二子塚古墳，前橋市前二子古墳などがよく知られている。出土した須恵器の特徴から，6世紀初頭を前後した時期に受容されたことがわかる。

　これらの古墳の特徴としてまず第一に挙げられるのは，同時期のものとしては，地域内で最大規模の前方後円墳に属する点である。このことは，横穴式石室の採用が，単なる主体部形式の変化にとどまるものではなく，極めて政治的な色彩を帯びたものであった可能性を示唆している。

　石室はいずれも比較的小振りの川原石か山石を使用した両袖型であり，天井が低く，細長い平面形が特徴的である。そのため，天井石には，奥行きの短い板状のものを連ねている。技術的に取り扱い得る石材の大きさに制約された構造的特徴と考えられる。また，壁面に赤色顔料が塗彩される点も注意される。

　東国の諸地域で，上野地域とほぼ同時期に横穴式石室が採用されたのは，下野地域の一部[1]と，北武蔵地域の北西寄りの一部[2]である。現状からは，両地域とも上野地域のように地域全体に，しかも大型古墳から小型古墳まで広く採用される状況は認められない。とはいえ，北関東の諸地域では，程度の差こそあれ，6世紀初頭から前半にかけての時期に横穴式石室が受容されたことだけは明らかである。

　これに対して，南関東の諸地域では，最も早い

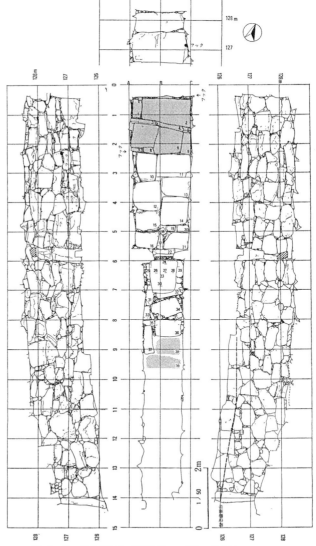

図1　前二子古墳石室（前原豊ほか『前二子古墳』1993より）

事例でも，6世紀第3四半期を前後する時期のものであり，千葉県の法皇塚古墳や茨城県の丸山4号古墳などがよく例示されてきた[3]。

南関東の横穴式石室の受容期と，北関東のそれとの間に，約半世紀の時期差が存在していることになる。当然，成立の契機に地域差があったことがわかる。

周辺地域に目を転じてみると，長野県の飯田市周辺の伊那谷の地域，あるいはこれに隣接する美濃の地域に6世紀初頭から前半にかけての横穴式石室を見い出すことができる。とくに伊那谷のそれは，構造的にも上野地域と共通点が多く，また地域内の最有力古墳に採用されている点も同様である[4]。

これらの事実から，東国での横穴式石室の導入は，後の東山道に近いルートを介してまずなされた可能性が出てくる。

ところで，大和における横穴式石室の成立は，高取町の市尾墓山古墳に代表されるように，6世紀初頭を中心とした時期にある。この時期の横穴式石室は，前代の特殊な背景を持つ限られた古墳の主体部形式から脱却して，いわゆる大王の墳墓に採用されるようになったものである。いわば，公認の主体部形式として畿内一円，さらには周辺の有力地域へと普及していったのである。

東国における初現期の横穴式石室の成立背景が，畿内のこの動きと密接に結びついていることは想像に難くない。大和政権による東国支配の幹線ルートとして，後の東山道に近いルートが整備されていく過程を重ね合わせて考えていく必要もあろう。

ただし，両者の間に構築技術上の直接的な関係を想定することは困難である。飯田市周辺のものに狭長な袖無型が多い点や，上野地域のものが狭長で，羨道から玄室にかけての天井面に段を持たない両袖型であること，さらにいずれの地域も片袖型が極めて少ない点などは，大

和の当該期の横穴式石室との大きな相違点である。東国の初現期の横穴式石室の具体的な系譜関係は今後の検討課題である。

2 巨石巨室横穴式石室の成立

6世紀第3四半期の高崎市綿貫観音山古墳（墳丘長98m）の横穴式石室は，全長12.65m，玄室長8.12m，同奥幅3.95m，高さ2.20mの規模を誇る。それ以前の主要な横穴式石室と比較してみると，その規模の差は歴然としている。とくに注目されるのは，玄室の幅を格段に大きく取っている点である。そのため，天井石には，これまでにない巨大な3石の石材が架構されている。

このような巨石・巨室化の傾向は，6世紀末葉の高崎市八幡観音塚古墳（墳丘長105m）によって一段と顕著になる。全長15.30m，玄室長7.45m，同奥幅3.42m，同高約3mの規模で，玄室の天井面は2石の巨石でカバーされるにいたる。加えて側壁石にも巨石が使用されており，典型的な大和の巨石巨室構造に近いものと言える。

観音塚古墳の石室には，規模や石材の大きさに加えて，構造的にも大きな変化が認められる。そ

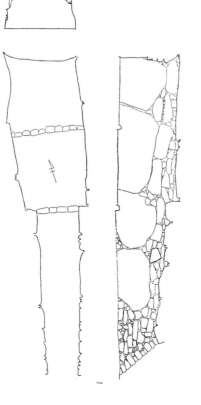

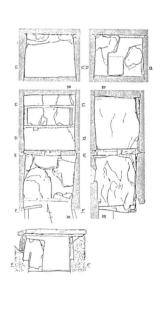

図2 観音塚古墳（左）・小見真観寺古墳（右）石室（『群馬県史』資料編3，田中広明・大谷徹「東国における後・終末期古墳の基礎的研究」『研究紀要』5，埼玉県埋蔵文化財調査事業団より）

れは，羨道から玄室にかけての天井面に段を有するようになる点である。また，石材の最大面を壁面とする横積みが壁面構成の主体をなすようになる点も見逃せない。

大和の大型横穴式石室で巨石化の傾向が顕著になるのは，6世紀第3四半期を前後した時期とされている[5]。これと同時期の観音山古墳の石室築造に際して，大和から巨石を取り扱う技術がもたらされたことは十分考えられよう。しかし，小振りの加工石材を使用した特徴的な壁面構成は，それ以外の地域との技術交流の追求も必要である。むしろ次の観音塚古墳の段階に，大和との間により直接的な交流があったものと思われる。ただし，この場合にも天井面の高さが相対的に低いことに端的に表われているように，完全な畿内型石室[6]が成立したとは言い切れない側面も残している。

石材の種類・量に恵まれ，しかも経済的基盤が強固であった上野地域に，卓越して典型的な巨石巨室構造の横穴式石室が認められる点は否めないが，その他の地域でも，有力古墳の石室にこのような指向を明確に読み取ることができる。

6世紀末葉の埼玉県行田市小見真観寺古墳の横穴式石室は荒川上流域に産出する緑泥片岩の巨石の一部を加工して組み合わせており，全長 5.42 m，奥幅 2.33m，高さ 2.02m の規模である。

一方，栃木県の壬生町から国分寺町にかけての地域一帯に所在する 6世紀後半の 前方後円墳には，凝灰岩の巨石の一枚石を組み合わせた大型石室が認められる。

これらの石室は，未発達な羨道部と，一枚石を組み合わせた壁面構成に地域色の強さを窺わせており，大和の大型横穴式石室との間に構造的な類似点は見い出せない。

しかし，両墳の周辺には小振りの川原石を除けば石材が豊富でないにもかかわらず，敢えて巨石を使用して石室を構築したことに注目すべきであろう。巨石を採取・運搬し，石室を構築する新たな築造技術の導入が必須条件であったからである。

ところで，当時の技術力からすれば，横穴式石室の石材として巨石を使用することが，工法的により合理的であると言うことにはならないであろう。あくまでも，注文者が視覚的な示威的効果，あるいは築造過程で大量動員される支配下の集団構成員への精神的効果に最大の目的があってのことと思われる。

このような巨石指向の最たるものは，見瀬丸山古墳の巨大石室とそこに使用されている超巨大石材に見ることができる。ここには，注文者側の法外な要請を明確に読み取ることができよう。このような大和の 巨石巨室横穴式石室 への 強い指向が，なんらかの形で東国の横穴式石室にも影響を与えていることが推測されよう。

南関東の諸地域で前方後円墳に横穴式石室が採用されるようになるのはこの時期であり，大和の横穴式石室指向の第二の強い波がこの地域にも及んだのであろう。

3　終末期横穴式石室と大和

東国の諸地域では，6世紀末葉ないし7世紀初頭を最後に前方後円墳が消滅する。7世紀に入ると，各地で地域の再編成が進み，大型の方墳・円墳を頂点にした体制へと移行していく。

上野地域では，7世紀中葉から後半にかけて，この種の古墳に「截石切組積石室」と呼ばれる特徴的な石室が伴うようになる。

7世紀中葉の 高崎市山ノ上古墳（円墳）は，丘陵の頂上部に独立して位置している。石室は凝灰岩切石を使用した両袖型で，壁面構成に大和の岩屋山式石室の影響が読み取れる。

一方，前橋市総社古墳群の7世紀第3四半期の宝塔山古墳や第4四半期の蛇穴山古墳の石室では，極めて硬質の輝石安山岩の巨石を複雑精巧に加工している点が注目される。

凝灰岩や砂岩，角閃石安山岩のような比較的加工しやすい石材の使用は，6世紀後半の石室にすでに認められるが，硬質の石材には及ばなかった。この時期に新たな石材加工技術が導入されたことを物語っている。このような先進的な加工技術を保持していたのは，7世紀中葉に硬質の花崗岩を使用して洗練された 切石積石室（岩屋山式横穴式石室）を成立させた大和の地域であろう。

宝塔山，蛇穴山古墳の石室が，漆喰により白壁に仕上げられている点も，これが大和の有力古墳に顕著で，しかも東日本の他地域にはほとんど認められないことから，この時期の石室築造において両地域の結びつきが強かったことを示している。しかしながら，石室の形態，構造を比較してみると，両者の間に直接的なつながりを認めることは困難である。

この傾向は，上野以外の東国の諸地域ではさら

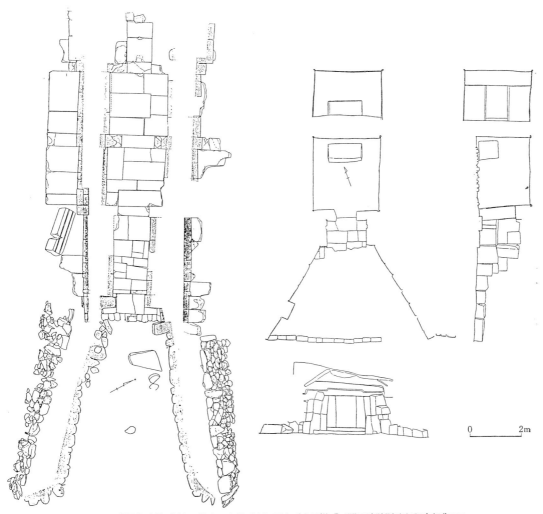

図 3 割見塚古墳（左）・蛇穴山古墳（右）石室（小沢洋『二間塚遺跡群確認調査報告Ⅱ』，右島和夫「前橋市総社古墳群の形成過程とその画期」『群馬県史研究』22より）

に顕著である。下野地域を例に取ると，壬生車塚古墳や丸塚古墳に見られるように，終末期の段階にも引き続き，6世紀後半の凝灰岩使用の石室に系譜的に連なるものが築造される[7]。また，上総地域の駄ノ塚古墳の石室は，この地域で6世紀後半以降築造される軟砂岩系の石材による切石積石室の系譜に連なるものである。もちろん，より洗練されたものになってはいるが，従来の技術の延長上での築造が可能である。

そのような中で，富津市の内裏塚古墳群に属する割見塚古墳（方墳）の石室は，この地域の伝統的な横穴式石室の最奥部に埋葬部として畿内の横口式石槨を造り付けたような特異な構造[8]であり，地域間の最も密接な技術交流を示すものとして注目すべきであろう。

註
1) しもつけ風土記の丘資料館『横穴式石室の世界』1986
2) 増田逸朗「北武蔵における横穴式石室の変遷」信濃，29—7，1977
3) 原田道雄「関東地方の初期横穴式石室墳」駿台史学，30，1973
4) 白石太一郎「伊那谷の横穴式石室」信濃，40—7・8，1988
5) 河上邦彦「大和の大型横穴式石室の系譜」『橿原考古学研究所論集』四，1979
6) 畿内型石室の構造的特徴については，土生田純之「横穴系の埋葬施設」『古墳時代の研究』7，1992
7) 秋元陽光・大橋泰夫「栃木県南部の古墳時代後期における首長墓の動向」栃木県考古学会誌，9，1988
8) 小沢 洋「上総南西部の古墳終末期の様相」『国立歴史民俗博物館研究報告』44集，1992

39

横穴式石室の構造

奈良県教育委員会
宮原晋一
（みやはら・しんいち）

横穴式石室は「石」だけで構成されるのではない。「土」からなる墓道を検討することにより新しい視点を見い出すことができる

　石室とは，読んで字が如く空間内部を石材で構成したものである。横穴式石室は，その空間に出入りする施設を備えているものとなろうが，その出入りするための施設まですべて石材で構成されているかというと，そうではない。墳丘外に開口する裾部との間に必ずといっていいほど土壁からなる通路―墓道を介している。

　与えられた課題からすると本来は石積み技術などに重点をおくべきであろうが，本稿では石材が及ばない墓道を検討し，新たな視点を模索してみることにする。

1　墓道はいつ掘削されるのか

　墓道は墳丘内部における石壁に続く部分であり，横穴式石室の一要素である。しかしながら，「石」の部分に調査の重点が置かれ，「土」の部分は墳丘・裏込めの観察を除いて墓道の状況まで報告した調査例は少ない。以下，築造時期はさまざまであるが，限られた報告例から横穴式石室の墓道を検討してみたい。

　老司古墳[1]　福岡市にある長さ約75mのほぼ南北を主軸とする前方後円墳である。主体部は4基あり，主埋葬施設として後円部中央に位置する3号石室は，古墳時代における横穴式石室の初源期のものとされている。3号石室には南側に「棚状構造」の開口部があり，後円部と前方部の鞍部に向かって墓道が伸びている。その幅は上面で約3.2m，長さは約8.8m，開口部では高さ2mを超え，床面は前方部側へ向かって緩やかに傾斜している。

　図1は3号石室の墓道横断面の模式図である。報告によると後円部の墳丘を構成する堆積は7つの層群に大別できる。第5層群は1号石室に関わる土層でこの断面部分まで及ばず，第6層群は最上部の盛土であるが流失しているため，この部分では5つの層群が確認できる。第1層群は「地山整形後に最初に構築された盛土」である。「上部に腐食土層が形成」されており，「石室の構築以前にある程度の墳丘形成が行なわれていたことを示す」と報告されているが，第1層群は古墳築造以前の旧表土である可能性がある。この上面に幅約4.4m，深さ0.6～0.7mの「斜道状遺構」が穿たれており，「墓壙掘削に伴い設けられた作業用の通路」と評価されている。墓壙掘削開始面は第1層群上面で，第2・第3層群は「墓壙掘削と共に盛り土しながら形成されたもの」，第4層は3号「石室構築時とそれ以降の埋め土」である。墓道の掘削は「斜道状遺構」の「凹地が完全に失われるのは第4層群形成後であり，この遺構の中央をまさに縦断する墓道はその前後に掘削された可能性が高い」。1969年調査時の観察によると，墓道内部には追葬時の切り合い関係を有した埋土が堆積しており，墓道壁面の立ち上がりは第4層群上面に達している。

　墓道が掘削されるのはいつかというと，第4層群形成後，すなわち石室が完成した後なのである。

　鋤崎古墳[2]　鋤崎古墳も福岡市に所在する全長

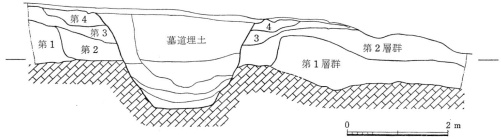

図1　老司古墳3号石室墓道横断面図（註1）より改変）

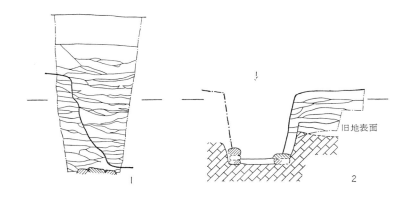

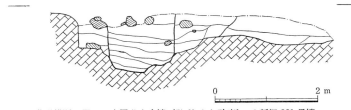

図 2　墓道横断面図　1 市尾墓山古墳（註 3）より改変），2 新沢 221 号墳，3 ナシタニ 2 号墳（註 5）より改変

62m の前方後円墳である。老司古墳とともに最古期に属する横穴式石室のひとつに想定されている。石室は後円部中央に位置しており，前方部側に向かって開口している。鋤崎古墳の墓道は老司古墳のそれとは異なり，「石室掘り方の前面中央を急角度に掘削した竪坑状をなす」。墓道の「掘り込みは下段掘り方から連続し，上位面は上段掘り方埋土，頂部平坦面盛土を行なう過程で整形したもの」とされている。墓道内部には 3 回の埋葬に対応する埋土が確認されている。正報告が未刊なため詳しい土層の報告に接することができないが，鋤崎古墳の石室の場合も墓道は石室完成後に掘削された可能性が高いと推定してよかろう。

市尾墓山古墳[3]　市尾墓山古墳は奈良県高取町に所在する全長約 66m の前方後円墳である。後円部中央の短い羨道部をもつ横穴式石室を主体部とし，畿内では古式の横穴式石室として評価されている。墳丘主軸に直交した南側に開口しており，羨道部に続く墓道は後円部斜面に向かって切り通し状に伸びている。墓道を半截した縦断面の一方では墓道埋土と墓道の壁面土層が上下関係をなして観察でき，墓道壁面を構成する土層は「石室を積みながら積まれていった封土ということが

でき ，通常であれば裏込め土と呼ばれるものにあたる」。墓道の横断面によれば，墓道を構成する盛土は墓道の斜面に沿うのではなく，水平に近い状態で積まれており，水平堆積を切って墓道が掘削されていると想定できる。この水平堆積が石室の裏込め土に対応するのであるならば，市尾墓山古墳の場合も石室完成後に墓道が掘削されていると考えてよい。

新沢 221 号墳[4]　新沢古墳群中の 1 基で径約 13m の円墳である。木棺直葬を主体とする古墳群であるが，221 号墳は横穴式石室を主体部としていた。盗掘にあっており遺存状況は悪いが，羨道から墓道の部分で以下の観察を行なうことができた。図 2—2 は羨道の断面図である。石室の掘り方は弥生時代の包含層である旧表土から穿たれている。その下面裾には羨道の石が置かれているが，掘り方を埋め覆う裏込め土相当と，墳丘盛土が羨道石材の上面にまで及んでいる。このことから，羨道部の石材は 2, 3 石しか積まれておらず，天井石の横架は想定できない状況が復元できる。裏込め土相当と墳丘盛土がなす壁面の下方に小口が露出するだけの羨道部だったのである。裾部に石材はあるものの，上位の壁面のありかたからは墓道とすることができ，その掘削が石室構築後であることは明らかである。

ナシタニ 2 号墳[5]　奈良県高取町にある与楽古墳群中の 1 基であるナシタニ 2 号墳は，径約 17m を測る円墳である。図 2—3 はこの古墳の墓道部分の断面図で，「断面の検討によれば羨道墓壙内が埋められた後に墓道が掘り込まれていることがわかる」。「羨道墓壙内」を埋める土は石室構築とともに積まれた土であり，それを切り込んで直立する壁面をなす墓道の掘削は石室構築後のものである。

これまでに墓道の壁面土層を観察できる例をあ

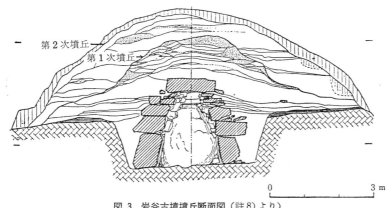

図3 岩谷古墳墳丘断面図（註8）より

げた。限られた調査例であるが，地域，時期，規模を問わず，いずれの墓道も掘削は石室の構築後である。石室構築のためには開口部前面をも順次埋める工程が必要だったといえよう。

2 内部を埋めながら石室は構築された

このように，墓道予定部分は石室構築工程にあわせて埋められており，石材背面に土を置く作業と同時に内部にも土を充塡していった構築工程が復元できる。したがって，構築途中の玄室部分が空洞であったとは考えにくく，玄室を含め石室内部すべてが埋められていた過程があった蓋然性は高い。横穴式石室を観察すると，積み上げられた石材の目地から作業単位が抽出できる場合が多い。石室を構築するためには，その作業単位ごとに作業面を整える工程が必要だったのだ。

石舞台古墳の築造法を復元考察した高橋逸男は，石室天井石を据え付けるには「玄室羨道の壁を互に梁を以て支へ，また支柱を以て梁を受けしめ，更に石室内部に一旦土を塡めて，その上を轉子をもって石を移動せしめ，両側の壁の上に横へたものと想像せられる」[6]と考えた。こうした方法が，浜田耕作がいうように「東西学者が斯かる巨石運搬の場合に斉しく想像し得る，恐らくは唯一の方法である」[7]のかどうかは検証が必要である。ただ，長く「想像」の域に止まっていた「石室の上部まで土砂を充塞し」ていたであろう構築過程の存在は，これまで述べてきた墓道の横断面観察から実証が可能である。

3 石室の構築と墳丘

横穴式石室の墳丘調査では，石室の周囲を固めた第1次墳丘と，その上位を覆うようにして盛土された第2次墳丘が確認される場合が多い。図3にあげた下関市岩谷古墳[8]の場合，第1次墳丘は石室天井石を覆っているが，側壁上面すなわち天井石下面の高さに第1次と第2次墳丘の境がある場合もある。いずれにしても，石室の完成と墳丘の完成とは工程上の先後関係がある。したがって，「天井石が石室全体を覆うた後に，室内の土，木材を運び出し，内部床の敷石を施工したものに違ひない」という高橋逸男の見通し[6]に矛盾はない。石室内部を充塡していた土は，排出されて第2次墳丘の盛土の一部に利用されたのである。石室内部の土を搬出するためには，埋め戻されていた開口部前面から掘り返す必要があり，その作業道が最終的には墓道となるのである。このように理解できれば，墓道の掘削は第1次墳丘完成後から第2次墳丘の完成までに行なわれたことになろう。

4 石棺の搬入と埋葬

石室内部を充塡していた土の排出後に石室床面の整備が行なわれる。入念なものでは排水溝が設置され，その上面に礫が敷かれる。こうした礫床を有する石室の場合，石棺がいつ搬入されたかという問題を解く手掛かりを与えてくれる。

石棺が礫床上に置かれているのであれば，その石棺は石室完成後に搬入されたことが明らかである。石棺の下面に礫床が及ばず，石棺底の周辺に礫床が存在する場合は，どうか。その事例として大阪府茨木市南塚古墳[9]を検討してみよう（図4）。

南塚古墳の石棺は2基ある。奥側の石棺は基盤を掘りくぼめたなかに，羨道側の石棺は基盤層上に配置されており，奥壁側の石棺の周囲に礫床が配されている。奥壁側の石棺と同様な状況は奈良県平群町烏土塚古墳の石棺でも確認できる[10]。両古墳の石棺は組合せ式石棺であることからすると石棺配置と礫床施行との順序が入れ替わっただけであり，石室完成後の搬入を想定するのが自然である。しかし，組合せ式石棺でなく刳り抜き式石棺であったと仮定すると問題は複雑になる。すなわち，石室の構築中に石棺が搬入された可能性が生じるのである。そして，その可能性は石室完成

42

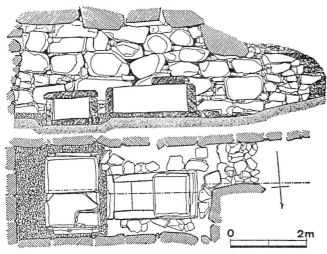

図 4 南塚古墳石室実測図（註9）より）

前に搬入された石棺が構築中の石室内土砂で覆われることを前提としている。このような事例の存否を確認できていないが，横穴式石室の完成前に石棺が搬入されたことを実証することは非常に困難であろうと予測する。搬入に困難が予想される巨大な刳り抜き石棺であっても，礫床上に配置された事例は多く，石室完成後に石棺の搬入を可能とする技術の存在が推測可能であるためである。

ただ「石室の完成」が横穴式石室すべての部分の完成を意味するかどうかは，別に個々の検討が必要である。すなわち，羨門と玄室部分が先行して築かれ，羨道部分の構築が遅れる場合などは，石棺の配置が羨道構築以前に行なわれる可能性がある。また置き土によって羨道部の床面が一段高い石室の場合も，置き土以前の作業面の段階で石棺が搬入された可能性があろう。その意味では，「石室の完成」として記述してきた段階は，玄室部分の天井石の構架以降とした方が広義の解釈を許し，より現実的ではある。京都府向日市物集女古墳[11]では，配置された石棺は組合せ式石棺であったが，羨道部の構築にも工程単位を考えている。刳り抜き式石棺を蔵し羨道部が長い横穴式石室ほど，玄室完成後から羨道構築以前に石棺が搬入される可能性が高いだろうと予測する。

いずれにしても，石室（玄室）完成後に石棺の搬入を可能とする技術の存在を考える立場からは，石棺の配置と埋葬を同じ段階に考える必要はない。埋葬は横穴式石室および墳丘のすべてが完成してからでも行ないうるのである。

古墳時代中期の長持形石棺を有する竪穴式石室は，側壁構築後でも埋葬が可能である。天井石の構架を横穴式石室の閉塞と同義ととらえれば，石室完成後に埋葬が可能という点で共通する要素が認められる。しかし，壁体の構築は長持形石棺の配置後に行なうのであって，ここに古墳構築工程上の相違を見いだすことができるのである。

和田晴吾は横穴式石室完成後に搬入の困難な石棺の存在を前提として，一部の横穴式石室にたいして石室構築中の石棺の搬入・埋葬を予想する[12]。そうした考え方に対して，現代のわれわれに困難と思われる作業であっても，それを理由に古代の技術を不当に低く評価することはできない，というのが本論での立場である。

5 おわりに

煩雑になるのを避けるため，横穴式石室を構築するために土の充填が不可欠であるとの立場で強引に論をすすめてきた。すべての横穴式石室で普遍的に想定できるか否かは，今後の検討が必要である。その検証材料のひとつが，これまで等閑視されてきた感のある墓道の横断面観察なのである。「石」以外の要素から「横穴式石室の構造」を考える視点が生まれる可能性を重ねて強調しておきたい。今後の報告例が増えることを期待する。

註
1) 福岡市教育委員会『老司古墳』1989
2) 福岡市教育委員会『鋤先古墳1981～1983年調査概報』1984
3) 奈良県立橿原考古学研究所『市尾墓山古墳』1984
4) 1989年度に奈良県立橿原考古学研究所が発掘調査を行なった。報告書近刊予定。
5) 奈良県立橿原考古学研究所『高取町与楽古墳群』1987
6) 高橋逸夫「石舞台古墳の巨石運搬法並に其の築造法」『大和島庄石舞台の巨石古墳』1937
7) 浜田耕作『大和島庄石舞台の巨石古墳』註 6) と同一文献
8) 山口県教育委員会『下関市岩谷古墳発掘調査報告』1972
9) 川端真治・金関 恕「摂津豊川村南塚古墳調査概報」史林，38—5，1955
10) 奈良県教育委員会『烏土塚古墳』1972
11) 向日市教育委員会『物集女古墳』1988
12) 和田晴吾「墳墓と葬送」『古墳時代の王と民衆』古代史復元 6，1989

横穴式石室の終末（大型墳）

大阪府教育委員会
上林 史郎
（かんばやし・しろう）

> 横穴式石室が急激に小型化し，横口式石槨が採用される7世紀
> 後葉を最大の画期とするが，その終末もほぼ同時期とみられる

　5世紀中〜後葉頃，畿内における古墳の埋葬施設として受容された横穴式石室は，受容先行地の北九州地域とは別に，その後「畿内型石室」として独自に発展し，さらに周辺地域や東国までも影響をあたえ，7世紀後葉まで発展継続していく。

　こういった「畿内型石室」の変遷や編年については，白石太一郎[1〜4]や河上邦彦[5〜9]らの研究がある。また，7世紀の石室を石棺式石室，切石積石室，塼積石室と系譜別にとらえ，これらを飛鳥時代の墓室と表現する猪熊兼勝の研究[10,11]もある。

　本稿では，これら先学の研究を参考にしながら，筆者なりの考えを交え，横穴式石室（横口式石槨を含む）を埋葬施設とする大型古墳の変遷およびその終末を大和，河内地域の古墳を使用して考えてみることにしたい。

1 畿内における大型横穴式石室の変遷 および終末

　畿内における横穴式石室は，白石[3]の型式学的研究によれば，塔塚式→芝山式→勝福寺式→二塚式→天王山式→石舞台式→（打上塚式）→岩屋山式→岩屋山亜式→二子塚式の10型式に変遷するという。横穴式石室の採用期間を200〜250年とすれば，一型式の存続期間は単純に考えれば20〜25年になる。必ずしも均一に変遷したものではないが，古墳時代後期の年代基準となる須恵器の一型式（20〜25年）にほぼ相当するものと考えられる。

　白石による畿内の横穴式石室の型式変遷については，一部では異論があるが，筆者も基本的には同意している。ただ，河上[9]も指摘しているように，古墳を構成する諸要素の中で重要なものは，①墳形および墳丘規模，②埋葬施設の構造および規模，③棺の種類と規模，④副葬品の質と量という順序を考慮に入れておかなければならない。

　古墳の出現以来，王陵や豪族の墳形に採用され続けてきた前方後円墳は，畿内では6世紀後葉にその築造を終える。そしてその後，大型の方墳や円墳に墳形を変えていく。

　また，6世紀の大型前方後円墳の埋葬施設として採用された横穴式石室もそれに伴い石室構造が変化していく。ここでは，畿内における6世紀後葉の前方後円墳の消滅から8世紀初頭の古墳の終末までをその埋葬施設である大型横穴式石室（横口式石槨を含む）を通して概観する。その場合，便宜的に石室の型式変遷を各期にわけて説明する。

（1） 6世紀後葉

　この時期は，石室全体が大型化し，片袖式から両袖式に変化する。玄室の平面は，長方形になり羨道部が長大になる。さらに，壁面の構成が単純化し，壁面の持ち送りがゆるやかになる。ただ，河上[8]が指摘しているように，石室の構造に平群谷や巨勢谷といった地域伝統的な特徴が濃厚に遺存している。すなわち，小地域内部では共通性がみられるが，地域間でみるとバラエティに富んでいる。大和では，平群町烏土塚古墳，斑鳩町藤ノ木古墳，当麻町平林古墳などがあり，河内では八尾市愛宕塚古墳があげられる。

　この時期を最後にして，畿内では前方後円墳の築造が終焉する。

（2） Ⅰ期（6世紀末葉〜7世紀初頭）

　大型古墳の墳形は，前方後円墳から大型の方墳や円墳に変化する。Ⅰ期の石室は，白石のいう天王山式[2]に相当する。玄室は，奥壁が3段，両側壁が3〜4段，玄門の前壁が2段積みで4壁とも上方を内傾させる。羨道は，玄門を構成する袖石が1段になる以外は2〜3段で構成される。大和では，桜井市赤坂天王山古墳，広陵町牧野古墳がある。この両古墳は，石室の規模，壁面構成が共通することから同一の設計に基づいて築造されたものと考えられている[2]。なお，被葬者についても，『延喜式』などの記載から，赤坂天王山古墳を崇峻天皇陵，牧野古墳を敏達天皇の皇子で舒明天皇の父にあたる押坂彦人大兄皇子成相墓の可能性が指摘されている。

　その他，立面形態は異なるが，壁面構成や平面プランが類似することから，桜井市越塚古墳や御

所市水泥塚穴山古墳も当期と考えられる。河内では，天王山式ではないが，家型石棺の型式や出土遺物から，河南町金山古墳をあげておきたい。

（3） II 期（7世紀前葉）

II期の石室は，石材が大型化し，壁面に一部切石加工が施される。白石のいう石舞台式[2]に相当する。玄室は奥壁が2段，両側壁が3段で構成され，玄門上の前壁が1段のものが登場する。また，羨道は基本的に一段積みになる。大和では，桜井市谷首古墳，明日香村石舞台古墳がある。石舞台古墳については，喜田貞吉以来，蘇我馬子（626年没）の桃原墓にあてる説が有力である。

最近，白石によって設定された打上塚式の石室[2]がある。玄室の壁面は各壁とも2段積みで，羨道の奥部は基本的に1段で構成される。石舞台式の玄室を少し低くしたもので，玄室，羨道の壁面構成は基本的に後続する岩屋山式に一致し，半切石加工を施すという。大和では，桜井市秋殿古墳，文殊院東古墳，明日香村打上塚古墳があり，同時期の石室として，明日香村塚本古墳，都塚古墳，御所市水泥蓮華文古墳，大淀町大岩石神古墳などをあげうる。なお，河上[8]は，秋殿古墳，打上塚古墳，塚本古墳を同一の設計に基づいて構築された石室と考えている。

河内では，太子町葉室石塚古墳，河南町寛弘寺45号墳[13]などがあげられよう。

さて，石舞台式と打上塚式は先後関係として基本的に分離できるのであろうか。両者は，玄室が2〜3段積み，羨道は1〜2段積みの壁面構成をもち，石材の一部に半切石加工を加えるなどの共通性が指摘される。石舞台式と呼ばれる石室が，石舞台古墳と谷首古墳だけとすれば，逆に打上塚式の中に包括されるものと考えることができる。巨大な石室を構築するために，打上塚式の石室をベースに，玄室の天井を高くし，石室の規模を増大させたものが石舞台の石室と考えられないであろうか。また，石舞台古墳の羨道の壁面構成や石材の切石加工度は，打上塚古墳のそれよりも進化しているという指摘[2]もある。

すなわち，II期の石室を，白石のいう石舞台式と打上塚式が共存する時期と把握したい。なお，寛弘寺45号墳の石室前庭部から出土した須恵器蓋杯のセットは，陶邑編年TK217型式に属するものであり，その下限は7世紀中葉を降らない。

（4） III 期（7世紀中葉）

III期の石室は，打上塚式をさらに発展させ，型式的に整美された岩屋山式[1,2]の横穴式石室を代表とする。岩屋山式の石室は，花崗岩を精巧に切石加工し，石材の間隙には漆喰を充填しているという。玄室の壁面構成は2段積みで，奥壁は上下各1枚，側壁は上段2枚，下段3枚の切石からなり，各壁とも上段は内傾し，玄門の前壁は1段になる。羨道の側壁は，奥半部は1段であるが，前半は2段になっている。岩屋山式の石室については，平面および立面形態，壁面構成の共通性などから，同一の設計による石室が存在することが白石によって指摘されている[1]。そのうち，明日香村岩屋山古墳と桜井市ムネサカ1号墳は同形同大であり，また岩屋山古墳の石室を一部縮小した天理市峯塚古墳と橿原市小谷古墳の二者も同一の設計によるものと考えられている[1]。なお，河内では，太子町聖徳太子磯長墓も梅原末治の研究以来，岩屋山式の石室と考えられている。最近，白石は，7世紀の宮都や瓦窯から出土する須恵器や瓦の編年を再検討した結果，石舞台式の石室を7世紀第2四半期，岩屋山式の石室を7世紀第3四半期まで降る論を展開している[2]。

次に，この期になって，新たに横口式石槨が登場する。横口式石槨とは，切石加工された石棺様の施設の短辺側に横口を設け，その前に羨道などを付設し，石槨部の幅や高さが羨道部よりも小さくなるもので，石槨部には夾紵棺や漆塗木棺などを納めるもので，基本的には単葬墓と考えられる[3]。横穴式石室との最大の違いは，石槨部における底石の存在であろう。当期の横口式石槨は，小規模な墳丘をもつものが多く，河内では柏原市平尾山102号墳，雁多尾畑古墳，羽曳野市観音塚古墳，オーコー8号墳，富田林市お亀石古墳，河南町白木古墳など[12]があり，大和では巨勢山323号墳をあげうるにすぎない。

ここで注意しなければならないのは，初期の横口式石槨が後期以来の群集墳の内部に立地することである。すなわち，平尾山千塚内の平尾山102号墳と雁多尾畑古墳，飛鳥千塚内の観音塚古墳とオーコー8号墳，白木古墳群内の白木古墳，巨勢山古墳群内の巨勢山323号墳である。また，河内の飛鳥千塚や白木古墳群は，渡来系氏族の墳墓群と考えられておりその出現についても興味深い。

表1 大和・河内の大型横穴式石室（横口式石槨を含む）の変遷

年代	型式（白石）	期	大型横穴式石室		横口式石槨	
			大和	河内	大和	河内
両袖式 前方後円墳消滅	二塚式		烏土塚 藤ノ木 平林	愛宕塚		
大型方墳 600—	天王山式	I	赤坂天王山 牧野 越塚 水泥塚穴山	金山		
	石舞台式 打上塚式	II	谷首 打上 秋殿 塚本 都塚 水泥蓮華文	葉室石塚 寛弘寺45		オーコー7
切石石室 650— 八角形墳	岩屋山式	III	岩屋山 ムネサカ1 峯塚 小谷	聖徳太子墓	巨勢山323	平尾山102 雁多尾畑 観音塚 オーコー8 お亀石 白木
小型化	岩屋山亜式	IV	岬墓 西宮 文殊院西	太平塚	御坊山3 鬼雪隠俎	アカハゲ 塚廻 石宝殿 平尾山西峯
無袖化 石室終焉	二子塚式	V	塚平 菖蒲池 神明神社	二子塚 一須賀P2	牽牛子塚 平野塚穴山	松井塚 仏陀寺 阿武山
凝灰岩製石槨 700— 火葬 古墳終焉		VI			石のカラト 高松塚 マルコ山 束明神 鳥谷口 中尾山	御嶺山

（5） IV 期（7世紀中〜後葉）

　IV期の石室は、岩屋山式の石室の壁面構成をさらに単純化した岩屋山亜式[1,2]の一部が該当する。玄室は、奥壁、両側壁とも1段になり、石材も奥壁1枚、両側壁2枚になる。羨道の両側壁も基本的には1段になる。大和では、桜井市岬墓古墳、平群町西宮古墳などがある。また、玄室の壁面として60cm前後の花崗岩の方形切石を伍の目状に積んだ桜井市文殊院西古墳も当期の石室である。河内では、玄室の側壁が2段積みであるが、奥壁が1段になることから太子町太平塚古墳をあげておきたい。当期では、西宮古墳や太平塚古墳にみられるように、石室が徐々に小型化していくのが看取しうる。

　横口式石槨では、III期のオーコー8号墳などの石槨をさらに単純化した河南町アカハゲ古墳、塚廻古墳などをあげうる。石槨部および羨道部の壁面は、1段で構成されており、岩屋山亜式である西宮古墳の壁面構成と類似している。また、花崗岩などの巨石を刳り抜いて底石、蓋石を組み合わせて石槨部とし、その前面に羨道を付した石槨もこの時期にあらわれる。河内では、寝屋川市石宝殿古墳や柏原市平尾山西峰古墳などがある。大和では、同様な石槨構造として、斑鳩町御坊山3号墳や明日香村鬼の雪隠・俎古墳がある。石槨部には、漆塗籠棺や漆塗陶棺、夾紵棺などが納置されたようである。

（6） V 期（7世紀後葉）

　V期の石室は、羨道が極端に矮小化したものや無袖式の石室があらわれ、石室の小型化が著しい。大和では、天理市塚平古墳、橿原市菖蒲池古墳、新庄町神明神社古墳などがあげられる。河内

では，太子町二子塚古墳，河南町一須賀P-2号墳をあげうる。この期を最後にして，大型墳の埋葬施設である横穴式石室は終末をむかえる。

一方，河内地域のⅢ～Ⅳ期において，群集墳内部の古墳に採用されていた横口式石槨が，ようやくⅤ期になって大和の王陵級の古墳に採用されていく。凝灰岩を使用した石槨が登場するのもこの期であろう[6]。大和では，一個の巨大な凝灰岩の内部を双室に割りだした石槨部をもつ明日香村牽牛子塚古墳や，凝灰岩の切石を方形に組み合わせて短い羨道を備えた香芝市平野塚穴山古墳などがある。また，河内では，横穴式石室様の内部に凝灰岩製刳抜式家型石棺状の石槨を内蔵した太子町松井塚古墳や，同様な石槨構造で周囲に須恵質の塼を積んだものに仏陀寺古墳がある。これら家型石棺状の石槨は，Ⅲ期のお亀石古墳から発展したものと考えられる。

（7）　Ⅵ期（7世紀末葉～8世紀初頭）

Ⅵ期の石槨は，凝灰岩の石槨部に墓道のみをもつ古墳を基準とする。大和では，平野塚穴山古墳の系譜をひく，凝灰岩の切石を組み合わせた石槨[6]の奈良市石のカラト古墳，明日香村高松塚古墳，マルコ山古墳などがある。また，これらの石槨内部には，漆塗木棺が納置されていたようである。他に，当期の石槨[8]として高取町束明神古墳，当麻町鳥谷口古墳などがある。河内では，太子町御嶺山古墳をあげうる。御嶺山古墳の石槨[11]は，石英安山岩の切石を組み合わせたもので，格狭間形の彫刻を施した凝灰岩の棺台を据え，漆塗木棺を納置したものである。

さらに，8世紀に降る古墳として明日香村中尾山古墳[11]がある。中尾山古墳は，三段築成の八角形の墳丘をもつ。埋葬施設は，花崗岩の切石を組み合わせて石槨部を構築し，凝灰岩の扉石を備えたものであった。石槨部は，木棺などを納置する余裕が無いことから，火葬骨を納めた金属製蔵骨器が置かれたものと考えられる。中尾山古墳については，文武天皇陵である蓋然性が高い。なお，この期を最後にして，畿内における古墳は終焉する。

2　おわりに

前章において，大和，河内における6世紀末葉から8世紀初頭（飛鳥時代）の横穴式石室および横口式石槨の型式変遷を6期にわけて概観してきた。その中で，最大の画期は，横穴式石室が急激に小型化し，大和の王陵級の古墳の埋葬施設として横口式石槨が採用されるⅤ期（7世紀後葉）と考えられる。また，横穴式石室の終末をⅤ期（7世紀後葉）の中で確認し，古墳の終末をⅥ期（7世紀末葉～8世紀初頭）の中尾山古墳と考えた。

なお，各期の石室の型式は，1系列で整然と変遷したわけではなく，伝統的なものと先進的なものとが共存していたであろうことはいうまでもない。

終末期古墳は，立地，墳丘，埋葬施設，棺構造，副葬品，文献などの総合的な見地から検討されなければならないであろう。

註
1)　白石太一郎「岩屋山式の横穴式石室について」『論集終末期古墳』塙書房，1973
2)　白石太一郎「畿内における古墳の終末」『国立歴史民俗博物館研究報告』第1集，1982
3)　白石太一郎『古墳の知識Ⅰ　墳丘と内部構造』東京美術，1985
4)　白石太一郎「古墳の終末」『古代を考える　古墳』吉川弘文館，1989
5)　河上邦彦「大和の大型横穴式石室の系譜」『橿原考古学研究所論集』第四，1980
6)　河上邦彦「凝灰岩使用の古墳―飛鳥地域に於ける終末期後半の古墳の意義」『末永先生米寿記念献呈論文集　乾』末永先生米寿記念会，1985
7)　河上邦彦「終末期古墳に於ける改葬墓」『網干善教先生華甲記念考古学論集』網干善教先生華甲記念会，1989
8)　河上邦彦「近畿の横穴式石室地域論・近畿としての特色」『横穴式石室を考える』帝塚山考古学研究所，1990
9)　河上邦彦「終末期の古墳とその背景」『古墳時代の研究12　古墳の造られた時代』雄山閣出版，1992
10)　猪熊兼勝「飛鳥時代墓室の系譜」『研究論集』Ⅲ，奈良国立文化財研究所，1976
11)　猪熊兼勝ほか『飛鳥時代の古墳』奈良国立文化財研究所，1979
12)　上林史郎「葛城山西麓の終末期古墳」『網干善教先生華甲記念考古学論集』網干善教先生華甲記念会，1989
13)　上林史郎「南河内郡河南町寛弘寺45号墳」『日本考古学年報41』日本考古学協会，1989

横穴式石室の終末（群集墳）

大阪市文化財協会
松本百合子
（まつもと・ゆりこ）

横穴式石室は 7 世紀代に群集墳内で小石室に変化して終焉を迎え
るが，それは次代の主流である火葬墓との間をつなぐものだった

6 世紀中ごろ以降，各地で爆発的に出現した群集墳は，7 世紀になると特殊な造墓活動を除いてほとんどが規模を縮小し，消滅する。それは同時に古墳時代後期の主たる埋葬施設である横穴式石室の終焉と，次代の新たな墓制への転換を示すものであった。ここではその移り変わりについて大和の大型群集墳である龍王山古墳群を例に，分析を試みたい。群集する古墳の数が多く畿内中枢に位置するということは，それだけ当時の大和政権の意向に敏感に反応し，墓制にもほかの地域と比べて特徴的な変化をもたらしたと考えてさしつかえなかろう。約100年の間に群集墳の中で起った変化とその最後の姿を追ってみよう。

1 龍王山古墳群

龍王山古墳群は大和盆地東辺に位置する龍王山南麓に分布する大和最大の群集墳である。埋葬施設については同一墓域内に横穴式石室と横穴が共存していることが古くから知られており，小島俊次[1]・清水真一[2]氏による詳細な分布調査によってほぼ分布の全容が明らかにされた。さらに1984年には天理市東黒岩地区で合計61基の横穴式石室・横穴が発掘調査され，群構成の具体的なようすが明らかになった[3]。なかでも，これまで存在が注目されていなかった小石室が多数見つかったことが大きな成果であった。それらを加味すると，古墳群は総数1,000基におよぶと推定でき，造墓の最盛期についても 6 世紀中ごろから後半にかけての頃だけでなく，7 世紀になっても引き続き活発に行なっていたことが判明したのである。以下，1984年調査の E 地区を中心に横穴式石室の概略をみてみよう[4]。

初期の横穴式石室は，6 世紀中ごろに尾根筋の高い場所に沿って造られている。墳丘は直径 10 m 足らず，高さ 2～3 m の円墳である。石室は玄室長 4.5 m・幅 1.5 m 前後で羨道を備えた追葬を目的とした通常の横穴式石室である。次に 6 世紀後半になると，12・13号墳のように尾根筋から

一段下った斜面に開口部を谷に向けた石室が造られ始める。尾根筋の石室が明瞭に墳丘を築いているのに対して，これは斜面を利用しているために外護列石がかろうじて墳形を止めている程度である。石室は玄室長 3.5 m・幅 1.0 m 前後とひとまわり小さくなり，築造当初から追葬を意識していたか疑わしいものもある。

さらに 6 世紀末から 7 世紀中ごろには，1～4・7～11・16・17号墳といった非常に小規模な石室が尾根裾の谷に最も近い緩斜面や前代の古墳の裾に造られる。この小石室は羨道がなく，小さな割石や自然石を用いて四壁を積み上げて天井から埋葬することから機能上は竪穴式石室と同じである。しかし，木口は一方が大きな石を据えているのに対し，もう一方は小石をあたかも閉塞石状に乱雑に積んでいる。また，小石を積む側が必ず谷の低い方であることから，両方の木口はそれぞれ奥壁と閉塞部を意識していることがわかる。つまり，小石室は横穴式石室と同じ構造で，それを最も簡略化した姿といえるのである。規模は内法で長さ 0.6～1.8 m・幅 0.3～0.7 m 程度で，成人の単次葬が可能なものも認められるが，ほとんどは不可能な小規模の石室である。石室内部には棺台や鉄釘が残っており，木製の箱を納めていたようである。これらは小児墓とも考えられるが，造られた時期が 7 世紀代に集中していることから小児だけの墓とは考えにくく，複次葬つまり人骨だけを集めて埋葬した成人の改葬墓としての位置づけが妥当であろう[5]。いずれにせよ，1 人だけを埋葬の対象とした個人の石室墓といえる。

また 7 世紀前半にはこれらの小石室と併行して，1 段高い場所に外護列石を備えた小方墳5・6号が造られている。5 号墳は石室に明確な羨道はなく，横口式石槨を想起させるような四角い玄室を備えている。また 6 号墳も墳丘を持つ点で周辺の小石室とは性格を異にしていることから，方墳の被葬者は小石室に葬られた人々を統括する地位にあった人物と考えられる。おそらく，前代で

通常の横穴式石室を造った家父長層の系譜にのる古墳であろう。

以上のように龍王山古墳群では，追葬を念頭に置いた横穴式石室から個人の埋葬を目的とした小石室への移り変わりを追うことができる。かつては龍王山古墳群でも7世紀になると横穴式石室は

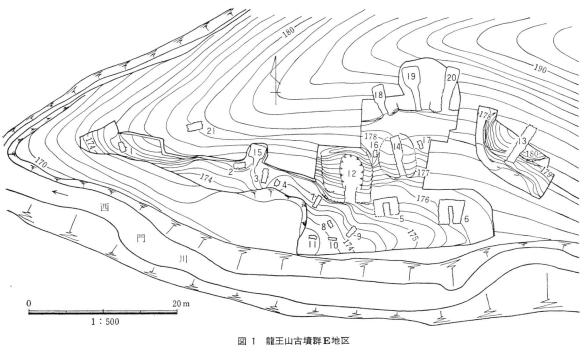

図1 龍王山古墳群E地区

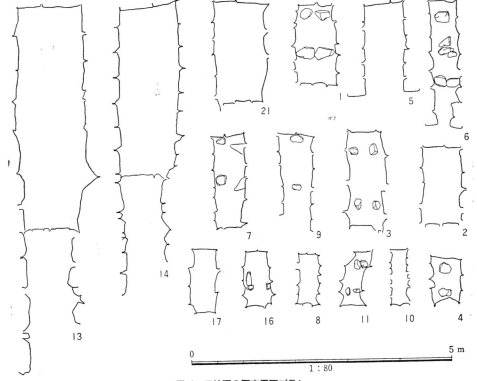

図2 E地区の石室平面プラン

激減するとの見方が一般的であったが，古墳の規模は縮小されても埋葬された人数は前代と比べて遜色なく，むしろ個人を対象とした造墓活動を活発に行なっていたのである。とくに7世紀代の小方墳はほかの地区でも3基，小石室は16基見つかっており，E地区と同様な系譜が追えることから，これらは龍王山古墳群において7世紀代の普遍的な墓葬形態といえるだろう。小石室は規模が小さく，天井石を被覆していた盛土も流失して見逃される場合が多かったが，近年になって各地の群集墳でも徐々に例を増し，その様相は一層明らかになってきている。

それでは小石室はなぜ7世紀になって盛んに造られたのだろうか。大きな横穴式石室を造る場所が狭くなり，既存の石室へ追葬するにも限りがあることも一因だろうが，そこには石室の変化だけでなく，単次葬から改葬の手順を踏む複次葬へと埋葬の形態が変化することに問題がある。龍王山古墳群は総数1,000基と，一氏族が短期間に営んだとは考えられない規模であることから，氏族の範囲を超えた集団の墓として考えるべきであろう。それほど大規模な集団による造墓活動には，大和朝廷の支配がなんらかの形でおよんでいた可能性が高い。ただし，その集団は氏族どうしが自発的に組織したものなのか，大和朝廷の指導のもとに編成された官人層のようなものだったのか，あるいは前者が後者に変化したものなのかはさらに一考を要するところである。いずれにせよ，小石室が造られはじめた7世紀初頭は大和朝廷が中央集権化を推し進めて豪族支配を強化したころであった。その一貫として行なわれたのが薄葬化と考えられていることから[6]，龍王山古墳群でも薄葬化の方針にのっとって古墳の規模を縮小していったと考えられる。ただし，すべてを同様に縮小したのではなく，小方墳と小石室の間には歴然とした隔差があったのは言うまでもない。

2 小石室の変遷

薄葬化とともに生まれた小石室はどのように変化するのだろうか。龍王山古墳群では7世紀中ごろで小石室の築造は終わり，古墳群全体の終焉を告げるが，他の地域では引き続いて造墓を行なう古墳群がある。柏原市田辺古墳群は，6世紀中ごろから始まった田辺氏の古墳群で，近接する斜面に8世紀初頭から中ごろにかけての火葬墓群が確認されている[7]。厳密には小石室と火葬墓の間に木棺直葬墓を営む時期をはさむが，一氏族が同一墓域に埋葬を続け，しかも時期的に小石室から火葬墓への移り変わりが追える例である。また同市平尾山古墳群[8]でも横穴式石室や小石室に混じって火葬墓が見つかっているように，改葬墓は小石室から火葬墓へと変化してゆくのである。火葬は骨化の時間を改葬より縮めて薄葬化をさらに進めたものと言え，その移行はスムースに行なわれたと考えられる。田辺氏の場合は官人層を含まない在地の人々の墓と推定されているが，龍王山古墳群の場合は被葬者集団が大和朝廷に近い関係にあったために，火葬墓が主流となるころには中央集権に取り込まれた官人層となり，新たに設定された場所に墓域を移したと考えられる。

以上のように，龍王山古墳群では6世紀中ごろから築造がはじまり，6世紀後半に規模を膨らませていったが，6世紀末に通常の横穴式石室の築造は終わり，7世紀には薄葬の風とあいまって小石室や小方墳を盛んに造営する。さらに薄葬化は火葬を採用することでより顕著になり，わずかに横穴式石室の形態をとどめていた小石室さえも造られなくなるのである。横穴式石室は群集墳内で小石室に変化して終焉を迎えるが，それは次代の墓制の主流となる火葬墓との間をつなぐ7世紀代の特徴的な墓葬形態であった。

註

1) 小島俊次『天理市史』1958

2) 清水真一「奈良県天理市龍王山古墳群の問題Ⅰ」古代学研究，62，1971
　　清水真一「奈良県天理市龍王山古墳群の問題Ⅱ」古代学研究，63，1972

3) 奈良県立橿原考古学研究所『龍王山古墳群（東黒岩地区等）発掘調査現地説明会資料』1985

4) 1984年に調査された61基のうち，8基が横穴である。横穴の築造は6世紀後半から7世紀中ごろまで続き，入口に横穴式石室の羨道状の石積みを持つものもある。

5) 河上邦彦「終末期古墳に於ける改葬墓」『網干善教先生華甲記念考古学論集』1988

6) 水野正好「群集墳と古墳の終焉」『古代の日本』5，1970

7) 柏原市教育委員会『田辺古墳群・墳墓群発掘調査概要』1987

8) 柏原市教育委員会『平尾山古墳群』1989

本文は龍王山古墳群の未発表資料に依るところが多いが，報告書の刊行が遅れたためそれに先行する形となった。報告書は近く刊行される予定である。

特集 ● 横穴式石室の世界

横穴式石室の地域性

漢城期百済の朝鮮半島からまず九州へ伝わったとされる横穴式石室は，その後日本各地へどのように伝播していったのだろうか

九州地方／中国地方／四国地方／近畿地方／東海地方／北陸地方／中部高地地方／関東地方／東北地方

九州地方

宇土市教育委員会
■ 髙木恭二
（たかき・きょうじ）

九州では谷口古墳に横穴系石室の萌芽がみられたのち，個性ある地域性が認められ，九州型の石室はさらに西日本各地や朝鮮半島にも及ぶ

　中国大陸・朝鮮半島に最も近い九州は，わが国で最も早く横穴式石室がつくられ始めた地域である。地理的な位置からみてもそれはごく自然なことで，東アジア地域の歴史的変化に呼応するわが古墳文化の特色を垣間見ることができる。
　横穴式石室の導入について言及すべき点も多いが，紙数が限られているため，本稿では九州の横穴式石室を竪穴系横口式石室・北部九州型横穴式石室・肥後型横穴式石室・複室構造横穴式石室の4種に限って述べざるを得なかった。

1　竪穴系横口式石室

　在来の竪穴式石槨や石棺系石室の小口部に横口を設けたものであり，石室プランは長さに比して幅が狭い。石室に入るには一段降りて入るようになるのが普通で，石室壁体は小口積みのもの，腰石の上に小口積みするものがある。蒲原宏行やこれに近い見解をもつ森下浩行のように石室主軸に平行して棺を埋置するいわゆる主軸平行葬のものに限る。一般的には中小の古墳に採用されることが多いものの初期のものはこれにあたらない。
　最も早い段階に築造されたものとして，佐賀県谷口古墳の後円部の2基の埋葬施設がある。共に横口をもった石室であることが近年の調査によっ

て明らかになり，東側の石室（カラー口絵3参照）が古く，西側の石室が新しいことが判明している。共に石室中心部に主軸平行で古式の長持形石棺が1基ずつ埋置され，入口はあるものの，追葬を前提に横口を設けたものではなく，被葬者が生前に墓室を造るいわゆる寿墓であろうという見方が適切である。
　福岡市老司古墳には後円部中心埋葬施設である3号石室の他に，後円部には1・2号石室，前方部には4号石室があり，3号を除いた1・2・4号石室の3基（竪穴系I類）がこの型式の石室に該当する。その他，横口部に袖石を立てた福岡県勝浦12号墳前方部石室のようなもの（竪穴系II類）や，腰石を採用した福岡県久戸12号墳・汐井掛17号墳など（竪穴系III類），福岡県西部から佐賀県にかけて限定的に分布している。時期的には，4世紀末から5世紀初頭にはすでに出現し，少なくとも6世紀前半の頃までは永続して築造されている。
　谷口古墳がこれまでのところわが国の横穴系石室の萌芽と考えられ，竪穴系横口式石室のみならず，後述の北部九州型横穴式石室・肥後型横穴式石室など多くの石室に多大な影響を与えていることは間違いない。最初の竪穴系横口式石室である本古墳が全長約77mの前方後円墳であり，老司

51

古墳のように全長 75〜76m の前方後円墳の主埋葬施設にはこの竪穴系横口式石室を採用していないものの，付随・後続して3基の竪穴系横口式石室が築造され，その後は，福岡・佐賀県の小古墳に多くが採用されている。この変化は，この種の石室の拡大・分散を考える上で重要な現象である。

2 北部九州型横穴式石室

北部九州型の横穴式石室が，竪穴系横口式石室と大きく異なる点は，石室主軸と直交して遺体を安置する施設を有するという点で，旧来の伝統とは全く違っている。すなわち，石室内に箱形石棺を持ち込んだものや，板石を立てて屍床を形成するもの，木棺や箱形埴棺などをコ字形・逆L字形・F字形に配することによって2〜3体の埋葬を意図し，追葬を容易ならしめている。当然のことではあるが，石室内に2・3の区画を作ることによって，内部空間を広く確保せざるを得なくなり，石室が大きくなる。

老司古墳の3号石室を始めとして，福岡市鋤崎古墳・佐賀県横田下古墳などがこれにあたり，前方後円墳や巨大円墳に多い。鋤崎古墳や横田下古墳の羨道部は両側の壁が合掌形を呈することからみても前述の谷口古墳の影響下に成立したことを暗示するが楣石が用いられており，構造上の飛躍が感じられる。これらに繋がるものとしては，熊本県城2号墳があるし，さらには羨道から石室に入るのに2〜3段のステップを設けている熊本県別当塚東古墳(カラー口絵3参照)などがこれに後続する(北部九州型I類)。これらはいずれも羨道袖部を割石小口積みしたものであるが，この一群とは別に，羨道部両側に板石を立てて玄門とする前原市釜塚古墳・狐塚古墳などがやや後出して造られ始め，福岡県小田茶臼塚古墳や佐賀市関行丸古墳にその伝統は受け継がれている（北部九州型II類)。なお，熊本県塚坊主古墳もこのII類に属すると思われるが，この古墳は石障系石室の影響も多分に受けており，複室構造の横穴式石室の最初期のものでもある。また，II類とは別のグループとして主軸平行葬でやや幅広な玄室を持つ丸隈山古墳，そして石室内に妻入横口式家形石棺を主軸と同じに埋置する福岡県石人山古墳・浦山古墳・佐賀県西隈古墳なども一群とすることができる(北部九州型III類)。ただし，丸隈山古墳は石室内に2基の箱形石棺を主軸に平行して配しているために幅が広

くなったもので，羨道部の構造が不明であるところから，ここでは一応，北部九州型に含めておくが，家形石棺を持つ3基は筑後地域の竪穴系横口式石室の影響下に成立した可能性もあることから，このIII類は竪穴系横口式石室の一類型とするのが適切であるのかもしれない。また妻入横口式家形石棺は肥後では周囲の石室を省略して直葬するようになるが，刳抜石棺地帯における横穴式石室簡略化現象と理解しておきたい。

3 肥後型横穴式石室

熊本県を中心に分布することからこの名が付けられているが，この名称の概念は必ずしも研究者の意見の一致を見ている訳ではない。筆者は最も特徴を表わしている石障の存在を重視し，横穴式石室の四周に石障をめぐらし，穹窿天井をもついわゆる石障系横穴式石室のみを肥後型横穴式石室と呼ぶことにする。そのため，単に方形プランの横穴式石室や，コ字形屍床配置を持つ条件だけのものは，この肥後型から除外することになる。

この種の石室には，円文や直弧文などの装飾を施したものがあったり，方形プランだけではなくやや細長くなった長方形プランのものもあるなど，バラエティに富む。主軸平行葬と主軸直交葬および羨道・玄室部の構造を基軸に分類を行なえば，主軸平行葬には1屍床，2屍床（川字形)，主軸平行・直交葬併存では2屍床（逆L字形)と3屍床（コ字形・F字形)などがある。羨道部は割石小口積みのものと立石のものがあり，羨道と玄室に段差があるものから，次第に段差のないものへと変化する。一方，この種の石室の特徴である石障の変化に着目すれば，萌芽期のものは前障に刳り込みはないが，その後，U字形の刳り込みを施すようになる。そしてさらには，この刳り込みに段を付けて2段となし，その2段の切り込みの上部が初期のものは2〜3cmであるが，次第に深くなって20cm以上になり，ついには上部の切り込みが下部のU字刳り込みより深くなるものまで出現する。

小鼠蔵1号墳は従来竪穴式石室とされていたもので，石室の中心部に1基の箱形石棺を配する。この石室の小口側には，石室床面から約120cmの高さに幅約65cm，高さ約60cmの空間があり，そこはこの石室に入るための横口部であろうと見られる。この古墳には石室周壁に沿って石障

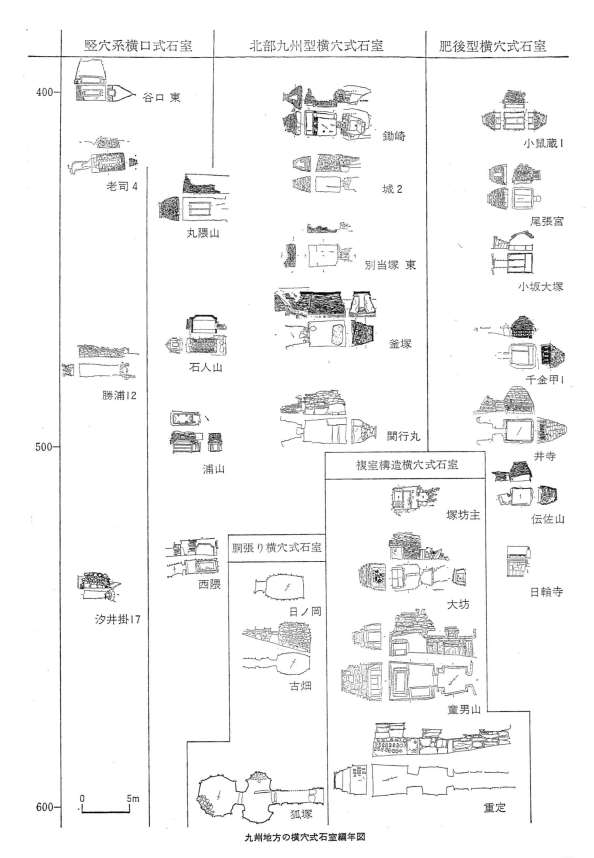

九州地方の横穴式石室編年図

がめぐっているものの，石棺は中央部の1基だけであり，前出の谷口古墳と共通した在り方を示す。筆者はこの小鼠蔵1号墳こそが肥後型横穴式石室の嚆矢（肥後型I類）と考えており，石障の起源は南九州地域の地下式板石積石室墓に見られる石室墓周縁の立石から，中央の石棺配置は熊本県成合津古墳のような竪穴式小石榔や横口を持った谷口古墳などの影響が考えられよう。最も早く定形化した肥後型としては尾張宮古墳・大戸鼻北古墳があり，これらの石室には2列の仕切石があって川の字に3区に分けられている。中央を通路とし，両側に遺体安置の場所を確保し，その後の基本形を示す（肥後型II類）。これらの羨道袖部はいずれも割石小口積みしたものであるが，甲塚古墳・ヤンボシ塚古墳の段階では立石となる（肥後型IV類）。甲塚古墳が久留米市に位置することから考えても，この立石は北部九州型II類釜塚古墳などの影響と考えた方がよかろう。

肥後型横穴式石室の特色としてコ字形屍床配置が知られているが，鋤崎古墳調査によってそれが肥後独自のものでないことが判明した。その数は肥後に多いものの，石障系の初期の段階には主軸平行が主流で，やや遅れて主軸直交葬と平行葬を同一石室において実現するようになり，コ字形配置を採るものも出現してくる。児島崎古墳・城1号墳・小坂大塚古墳など（肥後型III類）がそれであるが，平行葬から直交葬併用への転換は北部九州I型からの影響を考えるのが妥当である。この肥後型III類の一群は，割石小口積みの羨道袖部を持つが，この壁の内側には板石を立てる特徴がある。初期の羨道部は狭くて低いためにこの板石も小さいが，千金甲1号墳・井寺古墳の段階になると羨道部の広さに比例してかなり大きめの板石を使うようになり，羨道部も次第に広くなっている（肥後型V類）。また，石室内奥壁に平行して配された屍床部分がやや特別扱いをされるかのような現象として石屋形状の施設が井寺古墳・田川内1号墳に出現し，これは肥後型以外の国越古墳・塚坊主古墳などの平入家形石棺へと発展し，そこから石屋形・石棚への展開も読み取れる。

肥後型横穴式石室の平行・直交葬併用のものでは，羨道部内側の板石や石障が，砂岩や阿蘇溶結凝灰岩から安山岩に変化（肥後型VI類）し，玄門は板石状のものから柱状のものになる。石障系ではやや異質な片袖状の羨道部をもつ伝佐山古墳に

は，羨道部と玄室の間の2ヵ所に，この柱状立石が2本ずつ計4本使われており，その空間に複室化の萌芽を看取することができる。また，直接的にかどうかは不明ながら，片袖構造は朝鮮半島熊津期百済の宋山里型横穴式石室からの影響で成立した可能性がある。

4　複室構造の横穴式石室

伝佐山古墳でみられた玄室・羨道部間の空間が複室化の兆しを持ち，その特色は近くの塚坊主古墳を介して明確な形で複室構造の完成へと繋がっていく。その形成は，北部九州型II類と肥後型VI類が合体したものであり，臼塚古墳・大坊古墳・チブサン古墳などにおいて玄室と羨道部の間に前室という空間が確保される。肥後型石室の変遷とともに変化していった彩色壁画も，6世紀前半頃，塚坊主古墳を契機として複室構造の広がりとともに肥後から筑後へと拡大し，爆発的に増えるようになった。福岡県乗場古墳・王塚古墳・佐賀県太田古墳など筑後やその周縁地域へと広がり，やがて九州各地に拡大する。

筑後ではさらに，胴張りを持つ横穴式石室が造られるようになるが，これには単室と複室があり，独特の地域色を生み出している。胴張り石室は，佐田茂が指摘するように扁平な板石（片岩）を小口積みして，高く，広い石室を確保するために丸味をもったプランの構造を持つようになった石室であり，6世紀中葉頃に出現し，7世紀にかけて盛行する。

九州の横穴式石室はここで取り上げた4種以外にも数多くの形態が知られ，それぞれ個性ある地域性を持っている。しかしその基本はあくまでもここで述べた石室を基礎としており，それらの形成過程の実体を探ることは今後の課題と言わざるを得ない。加えて，九州型の石室が九州外の西日本各地や朝鮮半島に及んでいることも周知のことで，今後なお深化されなければならない問題も多い。

参考文献
柳沢一男1980「肥後型横穴式石室考」，乙益重隆1980「石障系石室古墳の成立」，柳沢一男1982「竪穴系横口式石室再考」，蒲原宏行1983「竪穴系横口式石室考」，土生田純之1983「九州の初期横穴式石室」，三島　格1984「古代の百済と肥後」，森下浩行1987「九州型横穴式石室考」，佐田　茂1993「群集墳の断絶」

中国地方

岡山県教育委員会
■ **亀 山 行 雄**
（かめやま・ゆきお）

山陽地方では畿内と類似した石室が，山陰地方では九州系の特色
ある石室が展開し，それに見合った石室空間の利用法が存在する

1　山陽地方（岡山県）

（1）横穴式石室の導入（5世紀後半〜6世紀中葉）

岡山県で最初に現われるのは，肥後型の系譜を引く千足古墳の石室である。この古墳は造山古墳の陪塚とされる全長75mの前方後円墳で，その卓越した地位においてはじめて導入が可能であったものであり，これに繋がる石室は今のところ知られていない。つづいて現われるのが竪穴系横口式石室で，この地域では6世紀前半の三輪山6号墳から6世紀中葉のすりばち池1号墳までその系譜をたどることができる。

岡山県において，横穴式石室の本格的な導入が始まるのは6世紀中葉のことである。この時期には後の石室形式がほぼ出揃うが，いずれも畿内地方に成立した石室の系譜を引くものである。両袖式の緑山6号墳・持坂1号墳は，方形の玄室と短い羨道からなり，割石を持ち送りながら積み上げて構築している。片袖式では，南部の立坂北1号墳，西山3号墳，北部の中宮1号墳，四つ塚1号墳などがある。これらは方形の玄室に短い羨道が片袖式にとりつくもので，南部では割石が用いられるのに対し，北部では偏平な石材で構築されるため一見古相を呈している。この時期の石室は腰石が顕著でなく，床には円礫が敷かれ，玄門に框石を置く点で特徴的である。

（2）横穴式石室の展開（6世紀後半〜7世紀初頭）

この時期には石室構造が発達し，こうもり塚古墳，箭田大塚古墳などの巨石墳が出現する。これらは長方形の玄室に長い羨道が両袖式に取り付くもので，6世紀後半のこうもり塚では玄室の側壁を3段，奥壁を2段に構築し，6世紀末の箭田大塚では玄室の側壁を2段，奥壁を1枚石で構築する。また玄門の天井石は，いずれも一段低く架構しており，備中地域の特色を示している。片袖式の大型石室は，南部で沢田大塚古墳，弥上古墳，鳥取上高塚古墳，北部で山根2号墳，万燈山古墳，穴塚古墳などがある。南部の石室では，他地域と比べて比較的早い段階から石材が大形化していくが，北部では用材の関係からかその傾向は顕著ではなく，袖の構造などに差異を生じている。また，柱状の袖石を左右の側壁からせり出させた石室が岡山県西部に広がっており，同様の石室が分布する広島県との繋がりをうかがわせる。このほかに石棚をもつ石室や，鳥取県東部に多い天井が中高となる石室など特殊なものが存在する。

（3）横穴式石室の終焉（7世紀前半〜後半）

この地域最後の巨石墳である牟佐大塚古墳の石室は，玄室長の2倍の長さをもつ羨道を有している。このように長い羨道をもつ石室はほかになく，畿内地方の影響を受けたものと思われる。この古墳は墳形が明らかではないが，大形の方墳になる可能性がある。7世紀中葉になると，二子14号墳のように外護列石を2〜3段にめぐらす一辺14mほどの方墳が現われる。外護列石はこの地域で系譜をたどることのできないもので，その墳形とも相俟って，畿内地方で新たに創出された墓制と考えられる。このような方墳はほかに，切石積みの石室を持つ定北古墳や大谷1号墳が知られており，7世紀後半まで築造されている。また長砂2号墳は，畿内地方の影響をうけた石棺式石室で，龍山石で造られた玄室の天井は屋根形をなし，短い羨道が付設される。この種の石室のなかでは比較的古い特徴を備えている。このほか，群集墳のなかには8世紀にまで下るものも見られるが，その多くは7世紀末をもって終焉を迎える。

（4）埋葬法にみる地域性

この地域は陶棺が多用されたことで知られており，石灰岩を加工した独自の石棺もいくつか知られている。また，木棺の痕跡も多く見つかっている。これらの棺内からはしばしば複数の人骨が見つかるが，そのなかには本来の状態を留めていないものも見受けられる。このことは，先に安置された棺をも追葬や片付けに利用することがあったことを物語っている。このほかにも明瞭な痕跡を留めない埋葬が多数あったことが知られてきてお

55

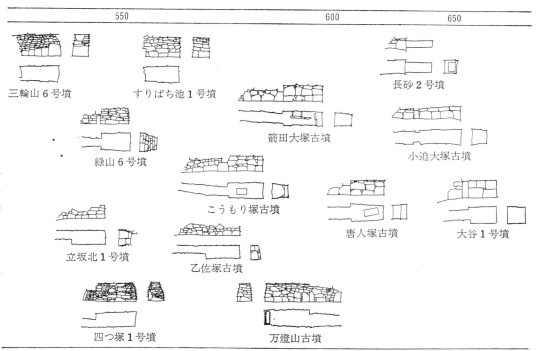

図1　山陽地方（岡山県）の横穴式石室（縮尺不同）

り，埋葬空間を確保するため玄室や羨道の長大化といった石室構造の変化を促すとともに，限られた埋葬空間を有効に利用するためのさまざまな工夫を生み出している様子がうかがわれる。

2　山陰地方（鳥取県）

（1）横穴式石室の導入（6世紀前半～中葉）

鳥取県で最も古い石室は，西部の東宗像古墳群にみられる6世紀初頭～前半の竪穴系横口式石室である。竪穴系横口式石室は，6世紀中葉に入ると中部にも出現するが，西部のものとは横口部の構造に差異が認められ，その系譜を異にする可能性がある。中部ではこの時期，肥後型石室をもつ大宮古墳が築かれる。また同時期の片平4号墳も九州系の石室である。東部の円護寺27号墳は，割石を持ち送りながら積み上げた方形の玄室に，幅の狭い羨道が両袖式に取り付くもので，6世紀前半に比定される東部で最も古い石室である。これにつづく葦岡長者古墳は玄室に箱式石棺を据え付けており，この地域の特色を示している。

（2）横穴式石室の展開（6世紀後半～7世紀初頭）

この時期，鳥取県では各水系単位で特色のある横穴式石室が展開する。西部の日野川流域では，左右の側壁に柱状の袖石を立てた石室が分布する。この種の石室は島根県や広島県で広く知られているが，同一の系譜に繋がるものかどうか明らかではない。また日野川下流から大山北麓にかけて，出雲地方の影響をうけた石棺式石室が分布する。これは切石を組み合わせて構築したもので，玄門も一枚石を割り抜いて用いている。そのなかには岩屋古墳のように複室状になるものも存在する。中部の小鴨川流域では，前述の大宮古墳に続き，ごりょう塚古墳，山際1号墳などの肥後型石室が築かれる。また加勢蛇川流域では，6世紀中葉から三保6号墳や上種東3号墳，上種西15号墳，大法3号墳などの竪穴系横口式石室が継続して築かれており，6世紀末の大法3号墳では発達した前庭側壁を有している。このほか鳥取県中・西部では，安山岩の一枚石を組み合わせて構築した，この地方独自の石室が広く分布する。これらは石棺式石室の分布とも一部で重なり，構造的に見ても両者の密接な関係がうかがわれる。このなかには，コ字形屍床配置をとる向山6号墳や石屋形をもつ三明寺古墳のように，九州的要素が認められるものも存在する。鳥取県東部では畿内通有の石室が広く分布するが，千代川下流を中心に天井の中央を一段高くした石室が認められる。これらは，強く持ち送った玄室の天井部が変化したものと思われるが，無袖式石室などに採用される過程で本来の意義を失い，形骸化したものである。

56

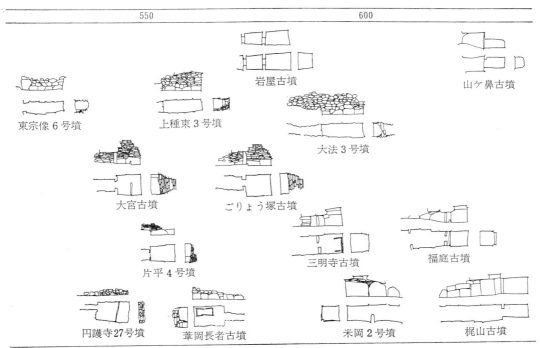

図 2　山陰地方（鳥取県）の横穴式石室（縮尺不同）

（3）　横穴式石室の終焉（7世紀前半～後半）

　鳥取県では7世紀に入っても石室構造に大きな変化は認められず，依然として従来の石室型式が踏襲される。しかし西部の石州府古墳群や東部の梶山古墳，高野坂10号墳のように外護列石をめぐらす方墳ないし多角形墳が現われており，畿内の影響が看取される。このうち，切石で構築された梶山古墳の石室は，玄室前の天井部が一段高くなり，従来からこの地域に見られる中高式石室の系譜上にあることを示している。これに対し山ヶ鼻古墳の石室は，従来この地域には見られなかったものである。1石を刳り抜いて床石の上に伏せたもので，奈良県の鬼の雪隠・俎など畿内に系譜をたどることのできる石棺式石室である。

（4）　埋葬法にみる地域性

　鳥取県では，東・西部の一部で石棺や陶棺の使用が知られているが，木棺については実態が明らかでない。これは岡山県のように木棺自身の痕跡はもちろん，棺台や鉄釘などがほとんどみられないことによる。この傾向は島根県はもとより，九州地方でも認められるところである。このことは木棺の使用を直ちに否定するものではないが，畿内地方の石室より限定された埋葬空間を有効に利用するため，木棺によらない葬法，例えば遺骸を板に乗せあるいは布に包んで安置したことは十分に考えられる。実際，横穴のなかにはこのような例が認められるものがある。またこの地域では周溝内埋葬が多く見受けられる。周溝内埋葬については，乳幼児など何らかの規制を受けた人々の墓と思われるが，これも狭小な石室空間と無関係ではないように思われる。さらに鳥取県中・西部では，石室に副葬される土器は蓋坏などに限られるものの，墳丘や前庭部から高坏や甕など多器種の土器を出土する。こうした状況は，初期の横穴式石室のありかたと似通っており，この地域では葬送儀礼の場が石室外にあった古い時期の習俗を伝えているように思われる。またこの状況は，石室内から多器種の土器を出土する鳥取県東部と対照的であり，石室空間の利用法が石室構造と強く関わっている可能性を示唆している。

　これまで述べてきたように，中国地方の横穴式石室は，その展開の過程でさまざまに変容し変化に富んだ石室構造を見せる。これらが葬法やこれにかかわる儀礼と密接な関係があることは明らかであり，今後は石室構造の違いを明らかにするとともに，こうした面での研究を推し進めて行くことで，横穴式石室の地域性が示す歴史的意義をより明らかにすることができるものと信じる。

四国地方

香川県埋蔵文化財調査センター
■ 山下平重・廣瀬常雄
（やました・へいしげ）（ひろせ・つねお）

徳島県埋蔵文化財センター　高知県埋蔵文化財センター
菅原康夫・廣田佳久
（すがはら・やすお）（ひろた・よしひさ）

四国では松山平野に畿内の影響をうけた横穴式石室がまず造られるが，四県ではそれぞれその初現や終焉時期は異なり，様相も違える

四国の四県では横穴式石室の初現や終焉時期が異なるし，その内容にも違いがある。伊予灘に面した松山平野に，畿内の影響下でまず横穴式石室が造られる。やや時を置いて東予・西讃で九州地方の影響を受けて石室が築造され，阿波では吉野川上・中流域に独自の段の塚穴型石室の初現形が現われる。それ以後，伊予では一部で畿内と九州の二地域の影響をうけた石室が入り混じって築かれ，讃岐では九州地方の影響をうけて発達した石室が築かれている。土佐では一部を除いて畿内の影響をうけた石室が築造される。

1　愛媛県

愛媛県における横穴式石室の確実な初現は，6世紀前半の松山市三島神社古墳である。石室は畿内型石室である[1]。奈良県市尾墓山古墳の石室との類似性が指摘されている。

6世紀中葉には，県下の各地に横穴式石室が築かれるようになる。川之江市では九州の竪穴系横口式石室の影響を受けた東宮山古墳が出現した後，7世紀前半の向山1号墳まで継続して石室が造られる。向山1号墳は香川県西端部に位置する角塚古墳に酷似する。

今治市周辺では九州系と考えられる玄室床面と羨道床面に段差がある片山4号墳，治平谷古墳群などが初現の古墳で，6世紀後半には野々瀬古墳群や多伎神社古墳群が形成されるようになり，横穴式石室の数は増大する。

北条平野においては玄室平面が方形の龍徳寺山1号墳が初現の古墳で，ほぼ同時期に新城古墳群が形成され始めている。6世紀後半から7世紀前半に形成された新城古墳群，県下最大規模の石室を持つ奥の谷古墳および才の谷古墳などは畿内型石室であり，畿内型石室が集中するのは県下でこの地区だけである。

松山平野は県下で最も横穴式石室が集中する地区である。松山平野では畿内型石室の三島神社古墳の後は，九州型石室[2]を持つ東山鳶が森古墳群や大下田古墳群などが成立し，九州型石室が主流となる。しかし7世紀中葉には再び畿内型石室を持つ川上神社古墳が造られることから，畿内との密接な関係が再現したと考えられる。

宇和盆地は県南で唯一の横穴式石室が集中する地区である。6世紀後半に粟尻1号墳が成立した後，7世紀中葉頃の谷ガ内古墳まで継続して古墳が造られている。そのうち樫木駄馬古墳は石室形態が川之江市の向山1号墳に類似する九州型の石室である。

愛媛県の横穴式石室は，北条市の古墳群を除いて，玄門（立柱）幅が羨道幅より小さい，あるいは羨道と玄室の床面に段差があるなどの，九州型石室の特徴を持つ石室が多い。また横穴式石室を主体部とする古墳の特徴としては，1墳丘に複数の石室を築く古墳が多いことが挙げられる。また石棚を有する石室を持つ古墳に川之江市山口1号墳，北条市新城3号墳などがある。　　（山下）

2　香川県

香川県で確認されている横穴式石室の総数は，必ずしも明らかではないが，約100基の石室が図化されて公表されている。

善通寺市の王墓山古墳で，前方後円墳の後円部に横穴式石室が確認されている。玄室・羨道ともに扁平な割石を平積みにして構築し，袖部は比較的大きい扁平な石を平積みにして両袖式に仕上げている。玄室に石屋形を作り付け，玄門部に敷居石と平たい石を用いて扉石を設けている。6世紀前半の新しい時期の築造が考えられる。

観音寺市の母神山古墳群は約50基からなる古墳群であるが，そのうち千尋神社支群の6号墳は，

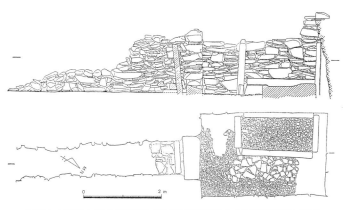

王墓山古墳横穴式石室実測図（香川県教育委員会『王墓山古墳』より）

直径 12m 程度の小円墳で石室の一部は破損していたが，平面形は玄室奥壁部に対して玄門部付近が狭まった形状をとり，それに狭小な羨道が付いた右片袖の石室が復原できる。袖部の最下段には，小さいが扁平な石が立った状態で遺存していた。石組みは，比較的平たい石を平積みしている。6世紀中葉の築造が考えられる。

羽床盆地の奥，綾南町の本法寺西古墳は直径約 11m の小円墳で，玄室・羨道ともに人頭大程度の塊石を持ち送り気味に小口積みにして構築し，平面形がＴ字型の横穴式石室が確認されている。袖部は大きめの石を平積みしている。この古墳は，6世紀前半頃の古墳の上に築かれており，6世紀中葉の築造が考えられる。

以上の3基が初期の横穴式石室であろうが，それぞれに共通点は認めがたい。いずれも香川県の中央部から西に分散して位置している。王墓山古墳の石室は，他の2基よりやや先行して築造されたと考えられる。石屋形からは，九州地方との関係で把握できるだろう。この古墳は，周辺に築かれた野田院古墳などの4基の前方後円墳からの系譜で考えられる古墳であり，県下で唯一の横穴式石室を埋葬施設とする前方後円墳である。周辺ではこの石室からの継続的な流れが認められない。冑を被った騎乗人物のような線刻画をもつ宮が尾古墳や岡古墳群などがあるが，これらは群を形成しなかったり，石室構造が異なる。千尋神社6号墳は，群内の前方後円墳ひさご塚古墳におくれて築かれる。同5号墳などをへて，6世紀末頃に複室構造の横穴式石室をもつ鑵子塚古墳が築かれるが，それ以後，顕著な古墳の築造をやめるようである。それとほぼ同時期，西方約 4km の大野原町に県下最大の巨石墳で，複室構造の石室をもつ椀貸塚古墳が築造される。6世紀末を中心とした築造時期が考えられ，また近接して平塚古墳と切石に近い加工を施した巨石を用いた角塚古墳が相次いで築造される。角塚古墳には，愛媛県の向山1号墳との石室構造の類似性から7世紀中葉前後の築造年代が想定されている。角塚古墳でこの古墳群の石室の造営も終わるようだ。本法寺西古墳のあと，浦山5・10号墳などと続くが6世紀末ごろ，羽床盆地の北の坂出平野に急に新宮古墳，醍醐3号墳などの複室構造の巨石墳が分散して造られる。しかし，それ以後この平野でも顕著な古墳造営は行なわれなくなる。高松市域では石清尾山塊に積石塚と混じりながら100基程度の後期古墳があるが，初期の横穴式石室は確認できない。市西部の神高池周辺の古墳群と市東部の山下古墳や石棚をもつ久本古墳などの一群に6世紀末から7世紀初頭にかけて築かれた大型石室が認められる。そのうち，東部にあった小山古墳の石室は複室構造であったといわれている。この地域の石室造営は，7世紀初頭頃に終わりそうだ。香川県の横穴式石室は，九州の影響をうけてまず王墓山古墳が築造されるのだろう。本法寺西古墳については不明な点があるが，それ以後，全県的に羨道より内側にせり出す玄門立柱を設けた石室が築造される。千尋神社6号墳の小さな袖石に，かすかにその先行形態が認められるが，通例の大きい石を用いた玄門立柱とは構造的に異なるだろう。玄門立柱を持たず，扁平な石を平積みして袖部を形づくるのは，丸亀市の青ノ山6・8号墳など平面形がＬ字型の石室や坂出市の真伏古墳などの片袖式石室に少数例を見る程度である。香川県では山崎信二氏の分類[3]によるＡ型が圧倒的に多い状況である。

（廣瀬）

3　徳島県

徳島県では横穴式石室の構築は遅れる。香川県や愛媛県に横穴式石室が導入される段階にあっても箱式石棺や木棺直葬は依然採用される。前方後円墳の造営は5世紀末に終焉を迎え，横穴式石室は円墳のみに認められる。美馬郡段の塚穴や野村八幡神社古墳の 20～37m の古墳を除いては，全県的に直径 15m 未満の規模となる。発掘調査や過去に出土している遺物からは TK 43 段階以前

四国地方横穴式石室編年略表

		愛媛県			香川県			徳島県				高知県
		三島川之江地区	北条地区	松山地区	観音寺大野原地区	善通寺地区	綾南坂出地区	吉野川河口域(名方)(板野東部)	吉野川下流域(板野西部)(麻植)	吉野川中流域(阿波)(美馬)	県南部(勝浦)(那賀)	高知県
6世紀	前半			三島神社古墳		王墓山古墳						(伏原大塚古墳)
	中葉	東宮山古墳	龍徳寺山1号墳		千尋神社6号墳 / 千尋神社5号墳		本法寺西古墳			大国魂古墳 / 平野古墳		蒲原山東古墳
	後半	経ケ岡古墳	新城5号墳(1号石室)	かいなご2号墳 / 大下田2号墳(1号石室)	宮が尾古墳 / 岡古墳群	浦山5号墳 / 浦山10号墳	ひびき17号墳	忌部山2号墳 / 西宮山古墳、山崎3号墳	野村八幡神社古墳 / 太鼓原古墳		舞子島1号墳	小蓮古墳,高間原1号墳 / 新改古墳,高天原三ツ塚下古墳
	末	お姫山古墳	新城3号墳(1号石室)	大下田2号墳(2号石室) / 松ケ谷古墳	鑵子塚古墳 / 椀貸塚古墳		新宮古墳 / 醒井3号墳	ひびき16号墳 / ぬか塚古墳	境谷古墳 / 金勝寺古墳	棚塚古墳 / 海原古墳	大里2号墳 / 観音山古墳	舟岩1・2・3・5・8号墳
7世紀	初頭	原峯1号墳 / 住吉古墳	新城5号墳(2号石室) / 奥の谷墳,オの谷古墳	大下田3号墳(A・B石室)				矢野古墳	柿谷2号墳	江の脇古墳	弁慶の岩屋古墳	久札田高松古墳,舟岩4・6号墳,古津賀古墳,朝倉古墳
	前半	向山1号墳			平塚古墳 / 角塚古墳			穴不動古墳	柿谷1号墳		学原剣塚古墳	高天原3号墳 / 溝淵山古墳
	後半			川上神社古墳								

の横穴式石室は現状ではみられない。

　吉野川流域を中心にみると，大要3タイプの石室分布がある。中流から上流にかけては玄室平面が胴張り，穹窿式の天井をもつ，いわゆる段の塚穴型石室[4]が点在する。段の塚穴型石室は美馬郡を中心に26基確認されており，限定された分布を示す。TK43から209にかけての造営であるが，石棚を構築するものが8基あり，本類型の特徴の一つとなっている。四国最大級の規模を有する段の塚穴太鼓塚，扉石・石棚および石障を意図した仕切石をもつ海原古墳，玄門部床の敷居石をもつ野村八幡神社古墳・阿波町北岡西古墳など，細部の変化に富む。この中で，大国魂古墳は玄室奥壁幅1に対して玄室長1の胴張り正方形平面，狭小な羨道をもつ，段の塚穴型石室の初現形と考えられ，横穴式石室の6世紀中葉の導入の可能性を残す例である。玄室比1：1で同様の形態を採る平野古墳・八幡3号墳・穴吹町三島2・3号墳は石室全長5.6m未満と小規模ではあるが，これらもまた先行形態とみなすことができる。太鼓塚にみられる玄室の胴張り，末広がりは段の塚穴型石室の典型であるが，6世紀後半から7世紀前半にかけて胴張りの退化する真鍋塚古墳・段の塚穴棚塚，胴張りの消滅，狭長石室となる貞光町江の脇古墳への変化がみられる。

　中流では玄室平面が隅丸・胴張り，壁を持ち送ったドーム状の天井からなる忌部山型石室が集中

する。従来麻植郡内一円および阿波郡に分布することが知られていたが，最近の調査では砂岩を用い，壁を持ち送る隅丸胴張りの石室が板野郡西部に増加している。天井の構造は明確にしがたいもの，これらを忌部山類型として包括する。段の塚穴型石室，忌部山類型とも玄門立柱が羨道より内側にせりだす共通性がある[5]。忌部山類型は段の塚穴型古墳に比べ小規模で，中流から下流左岸に広範に分布し，群集形態を採ることが多い。本石室の初現は TK43 段階の山川町忌部山2号墳であり，奥壁と側壁がわずかに隅丸を呈するにとどまる。時期を追って奥壁部分が最も張り出した隅丸・玄門部が鋭角にせばまる金勝寺古墳や境谷古墳への形態変化がみられる。本類型には数は少ないものの，鴨島町西宮古墳にみられる複室構造を採る例があり，羨道入り口に立石を有する忌部山5号墳は複室構造と関係するものと見られている。TK43 から TK46 にかけて奥壁が丸く膨らむわずかな胴張り，隅丸狭長，長方狭長石室に変化しており，TK217・46 段階の玄室，前室にみられる小さな立柱は複室構造の痕跡を示すものである[6]。板野郡では忌部山類型の石室構築は，後代の「板野郡田上郡戸籍」にみえる忌部氏の居住と無関係ではなかろう。

　名方郡・板野郡東部の下流域では平面長方形の石室が広く分布し，従来より畿内型石室の分布域とみられてきたが，現状ではやはり TK43 段階

の石室が初現である。古代阿波国の中心地である名方郡では7世紀に入ると巨石を用いた徳島市矢野古墳や香川県角塚古墳に類似する穴不動古墳が造営されるが，玄門立柱の有無，片袖，両袖，さらに石棚を伴う板野町平山古墳などバリエーションがある。この地域では，前段階には前方後円墳系列が形成され，古式須恵器が搬入される鳴門市大麻町に所在するぬか塚古墳などに一部典型的な畿内B型石室[7]が見られるものの，名方郡では一貫してA型石室が卓越している。

これに対し，勝浦・那賀郡など『国造本紀』にみえる長国にあたる県南部は，小松島市弁慶の岩屋古墳，羽ノ浦町観音山古墳，海南町大里2号墳など，6世紀末から7世紀にかけて畿内B型石室が形成される地域である。

以上のように大別されるが，横穴式石室の出現時にあってすでに各類型が見られることより，それぞれの系譜，初現の検討はなお将来に待たれる。
（菅原）

4　高知県

高知県で確認されている古墳の総数は約220基で，そのうち前期古墳は4基を数えるにすぎず，横穴式石室を有する後期古墳が残りのほとんどを占める。これらについて山崎信二氏の形式分類[8]を折り混ぜ考えてみたい。現在のところ，確認されている最も古い横穴式石室を有する古墳は6世紀中頃に位置付けられる南国市蒲原山東1号墳（径15mの円墳）で，持ち送りが顕著な両袖型の石室を有し，玄室（3.5m）に比べ羨道（0.9m）が短い特徴がある（Bc型）。時期的にやや先行するとみられる土佐山田町伏原大塚古墳（四国最大級の方墳）も横穴式石室であった可能性がある。規模的にみて後者の方が横穴式石室を最初に採用したと考えたほうが状況に即しているのではなかろうか。これ以降，高知平野に面した丘陵や山間の斜面部を中心に横穴式石室を有する古墳が築造される。6世紀後半では県下最大規模の円墳である南国市小蓮古墳（径22×28m）が築造される。両袖型（Bb型）で，玄室長7.6m，羨道長3.2mを測り，県下最大規模を誇る。この時期は南国市彦山3号墳（両袖型・B型），土佐山田町新改古墳（片袖型・Bb型），高知市高天原三ツ塚下古墳（片袖型・Bc型）などの石室に，前段階に比べて羨道の長さがやや長くなる傾向がみられる。6世紀末〜

7世紀初頭にかけては古墳の築造が最も盛んになる。県下最大の群集墳である南国市舟岩古墳群の築造（すべてBb型）が始まる。この時期舟岩古墳群の中では，大型の石室を有し内部に巨石を使用したもの（舟岩1・3号墳），小型の割石を用いたもの（舟岩2・8号墳），小型の石室に短い羨道をつけたもの（舟岩5号墳）がみられる。全般的な傾向としては羨道の長さが玄室のそれに比べ比較的長くなる。7世紀もはじめ頃になると羨道の長さが玄室のそれを凌駕するものもみられるようになる。高知市高天原6号墳（6×7mの円墳。両袖型・Bb型）では玄室長2.2m，羨道長2.3m，南国市舟岩6号墳（円墳，両袖型）では玄室長3.9m，羨道部長3.8mを測る。また，玄室と羨道の区別が不明瞭な土佐山田町前行山1号墳（Bc型）や南国市舟岩4号墳などもみられる。一方，県下で最初に古墳が築造された幡多地方に後期古墳が出現するのもこの時期である。中村市古津賀古墳（Bc型）・福重古墳・土居山古墳などがそれで，古津賀古墳の場合，両袖型で玄室長4.0m，羨道長3.6mを測る。ほぼこの時期，高知市朝倉古墳（Ab型）に代表される巨石墳もみられる。そして，7世紀前半も終わり頃，小型の自然石と割石を用いた小さな石室が高天原3号墳（B型）などにみられるようになり，古墳の築造も終焉に向かう。

以上，高知県の横穴式石室を概略したが，B型が卓越しており，中でもBb型かBc型であることから畿内型の横穴式石室が主流であると考えられるが，巨石墳を代表する朝倉古墳の石室のように玄門立柱が羨道より内側にせりだすA型の石室もみられ，それぞれの系譜，地域間の変遷など今後の検討に期する点も多い。
（廣田）

註
1)　山崎信二『横穴式石室構造の地域別比較研究―中・四国編―』1985
2)　註1)に同じ
3)　註1)に同じ
4)　段の塚穴型石室，忌部山型石室については天羽利夫「徳島県下における横穴式石室の一様相（2）」徳島県博物館紀要，8，1977と天羽利夫ほか『忌部山古墳群』1983による。
5)　註1)のA型
6)　「柿谷遺跡」徳島県埋蔵文化財センター年報, Vol. 3, 1992
7)　註1)に同じ
8)　註1)に同じ

近畿地方

大阪府教育委員会
一 瀬 和 夫
（いちのせ・かずお）

> 畿内における横穴式石室には時期ごとの階層による普及や影響が認
> められ，その原動力は大王墓の横穴式石室の推移と密接に関係した

近畿地方，とくにその中央部は6世紀以降の横穴式石室の汎日本的な展開に大きな影響を及ぼしている。その理由は大王墓の内部主体に採用されたこと。それにともなって，葬法が変化するとともに石材の運搬，架構技術が一般化の方向に向かったこと。石材供給の地域不均等が自ら地域性をもつことにはなったが，群集する地域には一定の供給域の中で墓域が配分されるような社会組織が確立されたこと。などが6世紀前半の短期間に起こったことによる。そして，その社会的な誘導を近畿地方中央部（畿内）がひき起こしたとみるからである。

1 大形横穴式石室の導入

近畿地方にみる横口系の初現は大阪府藤の森古墳，和歌山県陵山古墳，三重県おじょか古墳の長方形平面プランをもち，板状石材で持ち送りを強くするものが主流である。これらはいずれも九州地方の影響の強いものであり，5世紀中葉にあらわれた。一方，大阪府塔塚古墳といった正方形平面プランのものもある。

しかしながら，これらは6世紀前半の横穴式石室の発展・展開に対して直接的に影響を与えたとは必らずしも言いがたい。現在のところ後につながりを見せる石室の初現は大阪府高井田山古墳である。玄室は長さ3.7m，幅2.3mの長方形平面プランを呈す。その長幅比は3：2である。この規模は先述の藤の森古墳の幅を0.8mのばして正方形気味にしたものである。両者は下部を板状石材でていねいに水平をつくり，積みあげることで共通しているが，高井田山古墳の幅が増加した分だけ，上部で大形の石材による持ち送りを急にして，アーチ状にしたようだ（ドーム形空間）。両者とも長方形を呈することから，後の河内・大和で展開する大形石室の玄室の長幅比の2：1を中心とした範囲の両端に位置しており，長幅比1：1に近い塔塚古墳とは異なっている。

藤の森・高井田山古墳の共通性は玄室長と羨道長比でも認められ，両者は2：1の関係を示している。にもかかわらず，さきほど現在のところと述べたのは，藤の森古墳の長幅比と板状積みに対して連続して追える石室が見当たらないことである。

ともかく，後出して系譜の追える5世紀後葉の高井田山古墳の石室以降の流れを追ってみると，後続する資料は不正確ながら同じ玄室長幅比であろう大阪府郡川西塚古墳の石室がある。この古墳は5世紀末〜6世紀初頭に位置づけることができる。特筆できることは長さ5.4m，幅3.6mという玄室規模である。この規模はすでに後で展開する大和の後期大形横穴式石室の標準的なものに達している。

これよりやや下る時期，6世紀前葉を中心として高井田山古墳石室のモデル性は継承・拡大する。奈良県桜井公園2号墳，大阪府長原七ノ坪・芝山古墳，奈良県宮山塚古墳などがそれである。いずれも石材は板状に近いが高井田山古墳とは異なった板状に近い野石を選び，桜井公園2号墳をのぞいて，石室基底の石が大きくなっている。この要素は時期差を背景にしている。これらを高井田山型と言う。規模は多少異なるが，この型に類する石室はおおむね6世紀中葉まで存続する。

高井田山型が盛行する時期に一方では藤の森古墳玄室長幅比に類する2：1以上の長方形性を有する古墳の系列がある。時期の判明するものでは5世紀末以降出現する奈良県新沢221号・寺口忍海E-21号・D-27号墳などがある。こちらはこの時期から野石化しており，D-27号墳を参考にすると天井石は水平に並べ，高井田山型ほどに持ち送らない。

この系列は6世紀前葉には玄室規模では河内・大和の大形横穴式石室墳でトップクラスにまで発展をとげる。奈良県東乗鞍古墳がそれである。この古墳の石室玄室は長さ7.8m，幅2.4m，高さ3.3mの大きさで，長さでは奈良県見瀬丸山古墳に次ぐ。玄室長幅比は藤の森，奈良県市尾宮塚古

墳などと類似するとともに，玄室・羨道長比も
2：1よりやや長い程度である。

東乗鞍古墳の石室の段階では，一辺1mを前後
する野石材を用いて，5〜6段積みで玄室を構築
している。持ち送りは四周にゆるやかに施すが，
その上半部で強くなる。玄室幅は先の塔塚・高井
田山・七ノ坪・芝山などの古墳と大差なく，長さ
のみが拡張されている。この時期，寺口忍海や大
阪府山畑古墳群の古い長方形性の強い石室群の頂
点に位置するものの一つであり，長さと巨石によ
る石室の拡大に向かったことを示す。

2　畿内型大形横穴式石室の確立

前出の東乗鞍古墳や奈良県市尾墓山・宮山塚古
墳は長方形性が強く，畿内型のモデルとして論じ
られることが多いが，畿内とよばれる近畿地方中
央部の横穴式石室自体がその段階では2系統が強
く存在し，いまだバラエティーをもっていた。

畿内型として色濃く意思表示できるのは，次の
段階，玄室の大きさとしては市尾墓山古墳と類似
する大阪府愛宕塚古墳のようなモデルが成立して
からである。この石室規模は玄室 7.1×3.0m，
高さ 4.1m，羨道 9.6×2.1m，高さ 2.3m で6
世紀後半につくられる畿内の大形横穴式石室の非
常に標準的な比率を示している。つまり，玄室長
幅比2：1，玄室高幅比3：2，玄室・羨道長比
3：4といった値に近く，平面形としても両袖式
を採用していることである。この石室規模比と総
合的に類似するのは他に奈良県烏土塚・二塚（後
円部），谷首古墳などがある。二塚古墳では袖石に
大形石材を用い，その他の石室ではトータルに大
形石材を架構している。これら，石室の時期は出
土遺物より6世紀中葉を中心とし，中でも古いも
のは愛宕塚古墳の石室である。大形角石材を単純
に二段に積み上げて玄室をつくり，そのためか，
玄室の四周は直線的にたちあがる。屈曲した断面
曲線はみられない。とともに，先の標準的な玄室
長幅比より長細くなって，その上に天井石が渡さ
れる。

愛宕塚古墳石室の諸特徴，つまり，石室各比，
両袖式，大形の野石材の使用（それまで，一部の集
団に巨石運搬・架構技術がにぎられていた），玄室四周
の直線的なたちあがり（愛宕塚型）（比較的に小ぶり
の石材の場合は四周壁全体の内傾度を大きくしてたち
あがる。二塚型）といったものが，6世紀末までの

畿内大形横穴式石室に強い影響を与える。

愛宕塚・二塚型に代表される2系統は6世紀後
半の横穴式石室の方向を規定したと言っても過言
ではない。それ以前の小ぶりの石で壁面をスムー
ズに整えることよりも，より大きな石で石室を巨
大化することを選択した。このことは韓国の武寧
王陵を代表とする百済の墓室とは対照的である。
異常に前方後円墳々丘を拡大した前段階の志向が
この段階にきて明らかに石室の巨大化，ひいては
石材の巨大化に向けられたのである。たとえば，
こうした特徴は6世紀中葉，愛宕塚型の烏土塚古
墳石室に端的に認めることができ，玄室の大形化
は比率的にはもうすでにピークに達している。比
率において最もこの段階に秀でるのは玄室高幅比
であり，大形石材の段数を重ねて3：2以上の高
さを実現している。この高さの特徴は近畿地方の
周縁，北部の丹後・丹波や南部の紀伊でも確認で
きる。とくに紀伊は地域的な特徴から，紀の川を
中心とした結晶片岩の板状石材を丹念に積み上げ
ることによって独自の岩橋型という石室を構築し
ている。そのため，巨石化は達成しにくいもの
の，石棚・梁を用い天井を極めて高くすることに
成功している。和歌山県岩橋千塚古墳群はこの時
期がピークであろう。

また，この時期は河内・大和で横穴式石室を内
部主体にする群集墳が大型化する。大阪府平尾山
古墳群がその典型例である。この群集墳の造墓活
動が活発化する時，それまで盛んに古墳築造を行
なっていた河内平野南縁部の長原，八尾南，大正
橋といった古墳群がほぼ活動を停止する。おそら
く，河内平野南半部の各々の居住ブロック，南縁
の台地に古墳を築造していた集団をまとめあげ，
現在の平尾山古墳群の範囲に墓域を配分したので
ある。と同時に，その範囲は花崗岩材を容易に採
取でき，石室材をあつかえる集団をもかかえもっ
て，以降1,000基以上の古墳を密集させた。こう
したことは河内平野南半の群集墳造墓者をきめ細
かに，掌握，管理する強力な支配体制の存在を如
実に物語っている。同様な性格の群集墳は奈良県
巨勢山，竜王山古墳群にも見い出せる。

愛宕塚型より先行して造墓活動を開始する，横
穴式石室を中心とする群集墳でも石室つくりに変
化が見られる。大阪府一須賀古墳群でははじめは
花崗岩の中でも人一人が持ち運びできる板状の小
形石材を中心に高井田山型の石室プランを踏襲し

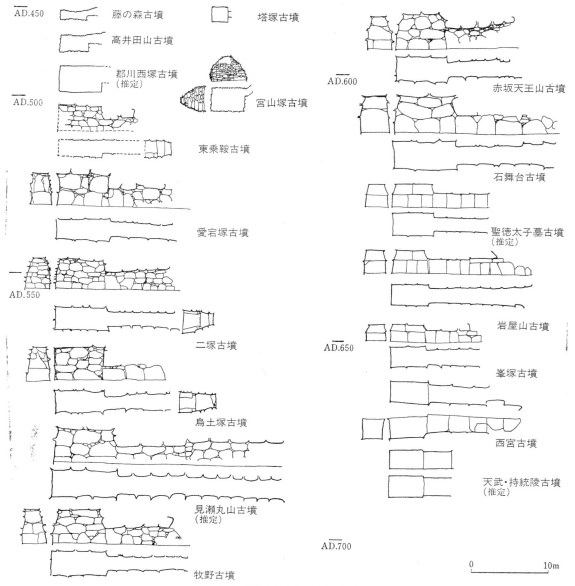

図1 畿内主要横穴式石室の変遷

ていたが，6世紀中葉頃から，二塚型のような均質な中形の石材を積み上げ，6世紀後葉には大形石材を使用し，玄室長幅比が2：1と細長くなるという流れに追従した変化が認められる。つまり，ここでの長幅比は正方形気味のものからより長方形となり，畿内大形横穴式石室の標準的な値へと変化する。巨石化についても先の平尾山古墳群の横穴式石室の一般化にともない，運搬・架構技術が下部階層に普及したものと考える。一須賀古墳群とは逆に玄室長幅比が正方形化に向かう古墳群がある。山畑古墳群である。長幅比2.5：1が中心であったのが，2：1に近づく。同様な傾向は寺口忍海古墳群にもある。

以上，6世紀中葉は畿内における横穴式石室が一定の技術の普及とともに一つのスタイルを導き出した時期である。それは一定の比率，巨石化，ともなう技術の一般化，そして横穴式石室への統合，一定範囲の墓域といったものを中央支配層側が明確に強く関与したことを示す時期であった。

3 横穴式石室の大形化のピークと盛行

6世紀後葉は石室の大形化がピークに達すると

ともに最後の大形前方後円墳が出現する。それは奈良県見瀬丸山古墳である。見瀬丸山古墳は全長28.4m，玄室 8.3×4.1m，高さ 4.5m？ の規模で頂点に達する。野石を最大限に用いることから，石室壁面は石材小口の丸味がそのまま不ぞろいになり，全体にゆるく内側にたおれ込む。玄室各比は先の標準的な値を示しており，幾分6世紀中葉のものより高さが低くなっている。最も特徴的なものは墳丘が大きいためか，羨道の異常な長さである。羨道入口側で石積みが粗くなるが，その部分をのぞいて比較すると奈良県牧野古墳と相似た比率を示す。6世紀後葉は玄室高がやや低くなることと，二塚古墳に見られる玄室壁の直線的な内傾が強くなること，羨道がやや長くなりはじめ，大形の使用石材が一般的になることが特徴としてあげうる。まさに，畿内大形横穴式石室の展開と盛行期であり，それは群集墳の造墓活動とも連動している。

4 方墳と大形横穴式石室

6世紀末から7世紀初めの横穴式石室代表例としては奈良県赤坂天王山古墳をあげることができよう。この古墳では6世紀後半の石室要素をほぼ踏襲するが，あえてその特質を見い出すならば，羨道高より上の玄室壁面全体が極度に内傾していることである。つまり，次の段階の岩屋山型のような家形の玄室空間を構成する意図が認められる。岩屋山型のような切り石でないため明瞭ではないが，その空間構造志向が把握でき，群集墳内の石室にもその影響を見ることができる。

大型墳でもう一つ特筆できることは前方後円墳が採用されずに，方・円墳になることである。古墳総体としては永らく続いた前代の墳丘形式を完全に一掃したことになろう。

5 切石横穴式石室の出現

7世紀前葉には白石太一郎氏のいう岩屋山式石室の古墳が出現する。横穴式石室で最後に強く影響を与える類型であり，その系譜は7世紀後葉まで存続することになる。ここでは石室各比がよく一致する大阪府聖徳太子墓，奈良県岩屋山，小谷古墳などを岩屋山型とよぶ。これらは7世紀中葉までは連続的に構築されたものと考える。特徴は石材の加工度が高い切り石であり，そのため，きめ細かな数値の一致性があるものと先に述べた玄

室上半部の壁面の内傾，家形空間化，壁面2石積加工化のための天井高の低下といった諸点。つまりこれらは石を架構すると言うより組み立てると言った表現の方が適切である。また，羨道の長大化傾向も見逃せない。

この時期はかなりの変化が横穴式石室に認められるが，そのうち奈良県石舞台古墳のように6世紀後半代の石室各要素を色濃く残す石室も存在する。しかし同時に，新しい要素も確認できる。つまり羨道部の石材加工度や玄室の家形空間化の進行はこの時期のものであり，その影響を受けた上での最大限の石室の巨大化を目ざしたものとして評価できる。

6 横穴式石室の縮小

7世紀中葉は岩屋山型の影響下，奈良県峯塚古墳のように天井高をより低くし，玄室を縮小する石室。切り石化する石室と玄室空間を縮小するとともに使用石材を小形のものへと切り換える石室。そして，棺一棺分を収納する横口式石槨が出現し，バラエティーに富んだ状況を呈するようになる。群集墳もまた，玄室空間を縮小させ，石材の小形化，墓域範囲の極度な縮小と高密集度化が起こる。こうしたことは社会全体の厚葬の縮小と渡来文化，上部階層の新たな墓形式の模索と固執の状況を敏感に反映しているからであろう。

すでに前段階の家形空間が影響を受けていたと考えられるが，この時期の後半，6世紀中葉以来，巨石横穴式石室の道を歩んできた石室系譜がここにきて，百済の墓室に共通する奈良県平野塚穴山古墳などが出現するに至る。

7 横穴式石室の消滅

7世紀後葉，横口式石槨にほぼとってかわられる。岩屋山型系譜の石室・大阪府安堂第6支群3号墳やその変容を受けたレンガ積み様の奈良県文珠院西古墳，壁面を一石積みする同西宮古墳，そして羨道を極度に排した同天武・持統陵古墳。上部階層はほぼ整美な切り石化する。群集墳内の古墳は大阪府平尾山・田辺古墳群や奈良県竜王山古墳群のように竪穴式小石室状の形状へと縮小した。

8 大王墓横穴式石室の展開

以上，近畿地方，とりわけ中央部，畿内の横穴

65

式石室の動向を見てきた。この地域内には大王とよばれる被葬者の石室が含まれていることは確実である。しかしながら、その内部を類推することはその前半期においてとりわけ困難である。今まで述べてきた横穴式石室の変化は急速であり、時期ごとの階層による普及力、影響力がそれぞれ認められた。これらの変化の原動力は墳丘規模の比較から類推すると、大王墓の横穴式石室の推移と密接に関係すると考え、あえてその内容を推測してみたい。

前方部と後円部の墳丘の乱れから大阪府仲哀陵古墳に横穴式石室が採用された可能性が強い。出土埴輪から高井田山古墳より新しいが、高井田山型が考えられる。郡川西塚古墳石室の拡大に影響をあたえたとするなら、同規模以上が想定できる。一方、大阪府河内大塚山古墳の墳丘上には生駒山高安山以北の花崗閃緑岩とされる「ごほ石」がある。これが天井石であるとすれば、幅 2.5m の側壁上に架構されたものであり、規模的には玄室上であれば市尾墓山古墳、羨道であれば石舞台古墳の石室まで達する。いずれにせよ、「ごほ石」の形状から山畑・寺口忍海古墳群のような長方形プランの野石積み石室に影響をあたえたのであろう。

大阪府今城塚古墳は6世紀前葉であるが、中葉の石室展開に重要な影響をもったと考える。ここで併行するのは東乗鞍古墳であり、石上大塚・東乗鞍・ウワナリの各前方後円墳の石室系列を考えると愛宕塚型が採用されていた可能性は充分にある。

大阪府清寧陵古墳は愛宕塚型もしくは二塚型であり、鳥土塚古墳を凌駕していたであろう。

ようやくその実態を見せた見瀬丸山古墳はやはりその規模において拡大のピークであり、大王墓最後の前方後円墳であった。墳丘規模から、これ以前の大王墓石室は見瀬丸山古墳石室規模を大きくこえることなく推移したのであろう。とすれば、これらは変化の主体となる類型の石室形状で、現在知ることのできる各段階の石室の規模を相対的にわずかずつうわまわっているものと考えられる。

もはや方墳の赤坂天王山古墳は縮小傾向にあり、石舞台古墳ですら見瀬丸山古墳には及ばない。内部の家形、墳丘の方形化は百済の影響を間接的に受けているのであろう。

大阪府推古陵古墳はすでに切石状の横穴式石室に変化しているらしく、羨道上部で 3.5m の間隔で2石が並んで確認されている。仮に、聖徳太子墓古墳と同様な形状であるとすれば、玄室は石舞台古墳と同様な規模で切石状である。また、東西に並ぶ2石室の羨道天井石であれば、一方は岩屋山古墳と同様な規模となる。

京都府天智陵古墳は墳丘上部が八角形を呈し、この南側下段に羨道天井石が存在するらしい。上部が対角径 40m ほどであることを加えて考えると、羨道の長い西宮古墳のように玄室を石積み一段で構成した横穴式石室であろうか。

奈良県天武・持統陵古墳は羨道の高さに対して玄室の高さが高い解釈と低いものに分かれるが、『阿不幾乃山陵記』の高さの記述を重視すると前者である。いずれにせよ、大きくは大阪府アカハゲ古墳の羨道をとりのぞいたような形状を呈し、その玄室または石槨部規模はその倍の大きさであった。まさに横穴式石室の最後である。

これより後、近畿は横口式石槨、竪穴小石室状、玄室が正方形プランを呈する小規模な石室がわずかの期間残存したにすぎない。

こうして6世紀を中心とした横穴式石室の盛行は、大王墓の内部主体に採用されてからに由来し、畿内そしてその周辺に強い影響と定着をもたらし、それは汎日本的に及んだ。しかし、そのためにとでも言えようか。大王墓の石室規模は圧倒的な優位性をもつことがなく、相対的なものでもあった。

そして、7世紀後葉から末、自らその幕をとじたのである。

主要参考文献

帝塚山考古学研究所『横穴式石室を考える』1990

橿原考古学研究所公開講演会資料『藤ノ木古墳』1988

花田勝広「近畿横穴墓の諸問題」おおいた考古，4，1991

白石太一郎「岩屋山式の横穴式石室について」ヒストリア，49，1967

福尾正彦「平成元年度 陵墓関係調査概要」書陵部紀要，42，1991ほか

拙稿「終末期古墳の墳丘」『網干善教先生華甲記念考古学論集』1988，「奈良県橿原市丸山古墳の横穴式石室の占める位置」古代学研究，129，1993

東海地方 ——————————— 服部哲也

名古屋市見晴台考古資料館
■ 服 部 哲 也
（はっとり・てつや）

東海地方の横穴式石室には北部九州系の石室と畿内系の石室，そしてこれらが各地域で変容して在地化した石室の計3種が認められる

東海地方の横穴式石室研究は，近年各地域ごとにめざましく進展した。なかでも土生田純之氏は，当地における北九州系石室を明らかにし，各地域ごとの研究成果とあわせて，体系的に総括されている[1]。

1 各地域の動向

遠江　6世紀前半の畿内系片袖式石室を最古とする。磐田市甑塚古墳は径約30mの円墳で，地域の首長墓と考えられる。奥壁から見て右に袖を持つ石室で，奥・側壁とも割石を小口積にする。規模形状とも，奈良県市尾墓山古墳に類似している。当地方では6世紀後半までの首長墓に，引続き畿内系石室が採用されており特徴的である。

竪穴系横口式石室の系譜上にある石室は，6世紀中葉に出現するものの広く採用されない。6世紀後半以降は，玄門部に立柱石を用い，玄室の胴張り化した石室が圧倒的に展開し，8世紀前半までつづく。

東三河　40mの前方後円墳である宝飯郡一宮町の舟山2号墳の前方部石室は，奥・側壁とも同大の割石を用いた両袖式に接続する石室で，6世紀前半頃との指摘がある[2]。とすれば，首長墓への畿内系石室の採用が当地方の最古となる。

竪穴系横口式石室の系譜上にある石室の出現は，6世紀中葉であり小古墳に用いられている。また同じく6世紀中葉の前方後円墳，豊橋市馬越長火塚古墳は，立柱石を用いた胴張り複室の石室であり注目される。いずれも隣接する西三河地方の影響と考えられる。6世紀後半以降は立柱石を多用した，胴張りの石室が遠江と同様に盛行する。

一方，渥美半島では，明瞭な袖を有する石室が6世紀中頃から7世紀にかけて展開している。袖部の構成が立柱状の石である点を除けば，畿内的な形状であり，三河の中でも特異な様相を呈している。これは，南伊勢・志摩地域と同じ動向であり，両地域が，海を介して強く結びついていたこ

とがわかる。

西三河　東海地方で最も早く横穴式石室を採用する地域で，その時期は5世紀の後半にさかのぼる。いずれも北部九州系の石室であり，首長墓に採用されている。岡崎市経ヶ峰1号墳は帆立貝式の前方後円墳で，祖形に近い竪穴系横口式石室である。剞抜式（割竹形）の木棺1棺の安置が推定されており[3]，初期の横穴式石室を考える上で興味深い。幡豆町中ノ郷古墳は小石材を平積みした長方形の玄室で，両袖式に短い羨道がとりついている。佐賀県横田下古墳の系譜と考えられているが，熊本県朱塚や大阪府藤の森古墳と同一系譜との考えもある[4]。また幸田町の前方後円墳青塚古墳には経ヶ峰1号墳と中ノ郷古墳の中間的な石室が用いられており，時期的にも後出する。

つづく6世紀前半から中葉には，豊田市豊田大塚古墳・子ムリ古墳・岡崎市ビンカ山古墳などの地域の首長墓に，引き続き北部九州系の石室が採用されたのに加え，小円墳にも横穴式石室が採用され始める。とくに竪穴系横口式石室の盛行が顕著であり，畿内系石室が全く用いられないこととあわせて西三河の特色となっている。

6世紀後半以降は，前代からの竪穴系横口式石室の系統（羨道と玄室の区画は，框構造から楣石へ変化する）に，立柱石・胴張り・複室といった構造の石室が複雑に融合しながら展開する。石室の構築は，7世紀の末ではほぼ終息する。

尾張　6世紀中葉の名古屋市小幡茶臼山古墳を最古の例とする。近隣地域の動向と比べれば，遅い採用と言えようが，6世紀前半頃の主要古墳の内部主体が不明な現状であり，今後の発見に期待される。茶臼山古墳は約60mの前方後円墳で，左片袖の横穴式石室に組合式の家形石棺が収められていた。6世紀中葉の首長墓に畿内系の石室，石棺が採用されていたことがわかる。ただし，その後の小円墳には畿内系石室は用いられなかったようであり，立柱石・胴張りの石室に吸収されるかたちで消滅する。

67

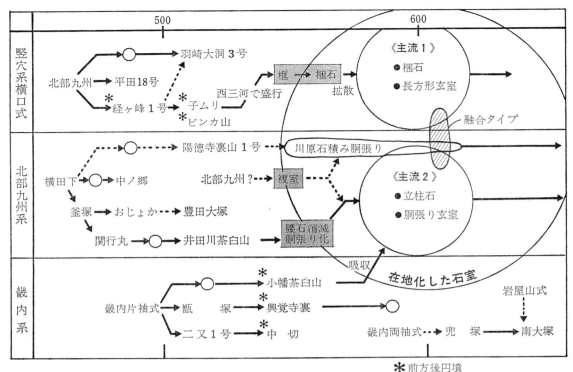

東海地方横穴式石室の動向

　6世紀後半には，西三河地方の影響と考えられる竪穴系横口式の系譜上にある石室が登場する。胴の張らない長方形の玄室で，梱石により玄室と羨道を区画している。また同じ頃玄門に立柱石を配す胴張りの石室が，他の地域と同様に盛行する。7世紀以降はさらに両者の融合したタイプの石室も登場し，8世紀初頭頃まで複雑に展開している。

　なお美濃を含めた木曽川中流域では，川原石小口積みで胴張り複室構造の特異な石室が，6世紀の後半以降集中して分布する。美濃陽徳寺裏山古墳の系譜の石室に，北部九州系の複室の要素が新たに加わったものと考えられる。分布の様子から木曽川の河川交通にかかわった人達の墓と推定されるが，約30km離れ水系も異なる名古屋台地上の高蔵古墳群中にも単独認められ，注目される。

　美濃　6世紀前半を最古とする。小規模墳ではあるが群の中では中心的（初源的）な古墳にまず採用されている。特徴的なのは，東濃から西濃までの広い地域に広がって登場していることと，畿内系石室（上石津町二又1号墳・多治見市虎渓山1号墳），竪穴系横口式石室（可児市羽崎大洞3号墳），その他の石室（北部九州系か？　関市陽徳寺裏山1号墳・多治見市元三ヶ根1号墳）と，各種の石室が同時期に登場していることである。ただし，畿内系の石室は引続き前方後円墳などの首長墓にも採用されるが，竪穴系横口式石室は単発に終わっている。

　なお陽徳寺裏山1号墳は，長方形の玄室に短い羨道が両袖式に取りつくタイプで，玄室石材には川原石[5]を用いる特異な石室である。玄室プランは元三ヶ根1号墳に酷似するが，腰石を用いずすべて小石材で構築しており，西三河の中ノ郷古墳との共通性も見出すことができよう。いずれにしても，川原石小口積みの横穴式石室では最古であり，北部九州系の石室だけでなく，竪穴式石室をも含めた系譜の再検討が必要である。

　6世紀後半以降は，東濃地域を中心に玄門に立柱石を配した胴の張る石室が盛行する。尾張や三河と同様な展開であり7世紀の終わりまで継続する。また大型の円墳や方墳を中心に，大型石材を使った両袖式の石室も盛行する。まぐさ石を多用するなどの地域色も見られるが，基本的には畿内の動向に添うものである。中でも，一辺25mの方墳・垂井町南大塚古墳は，畿内の岩屋山式（打上塚式）[6]の影響も認められ，注目される。

　伊勢・志摩　5世紀中頃の阿児町おじょか古墳

を最古とする。福岡県釜塚古墳の石室に，まぐさ石と石障を追加した形状で，北部九州からの直接的な伝播が考えられる。周辺地域での羽子板状玄室プランの例としては，西三河の豊田大塚古墳の石室をあげることができる。しかし，両者が直接つながるとも考え難く，互いに単発で終わっている。

次に登場するのは5世紀末頃の安濃町平田18号墳で，竪穴系横口式石室である。同系譜の石室は6世紀前半まで用いられるが，地域も限られており西三河のような展開は見られない。また6世紀前半には新たな北部九州系の石室も出現する。北伊勢の亀山市井田川茶臼山古墳は，玄室の壁面には腰石を用い，玄門部には立柱石・框石を配す石室で，佐賀県関行丸古墳の系譜が想定できる。わずかに胴部も張ることから，尾張や三河で6世紀後半に盛行する石室の初源とも考えられ注目される。

同じ頃，中南伊勢地域では，嬉野町釜生田A―5号墳・天保1号墳などの右片袖の畿内系石室が出現する。以後，北伊勢では胴張りの石室が，中南伊勢・志摩では長方形の石室が，それぞれ別に7世紀の前半まで展開する。

2 まとめ

東海地方の横穴式石室には，北部九州系の石室と畿内系の石室，そしてこれらが各地域で変容して在地化した石室の3種が認められた。総体的には，北部九州からの伝播は5世紀後半～6世紀前半にかけて「小さな波が数度に渡って」のイメージであり，畿内からの伝播は6世紀前半に「大きな波が一度」というイメージである。

最も早く北部九州系の石室を導入したのは，西三河・志摩地域で5世紀の中葉から後半の時期である。ただ，これらのありかたは単発であり，西三河の竪穴系横口式石室を除いては後に継続しない。形状の共通性の多さから北部九州との直接的な交流の結果と考えられるが，とすれば，熊野灘を航海する海上の道を想定せざるをえない。今後北部九州からの具体的な海上の道の解明は重要になろう。

なお，伊勢湾の海上交通にも関わっていたであろう尾張氏の本拠地で，初期の横穴式石室が明らかになってない点は気に掛かるが，今後の発見に期待する。

西三河で盛行する竪穴系横口式石室は，6世紀後半には玄門部の框構造が梱石に変化する。胴部の張らない長方形玄室との組合わせで，東海地方全域に広く展開し，在地系石室の主流の一つとなる。

今一つの主流である，玄門に立柱石を据え胴の張る石室の初源には，井田川茶臼山の可能性を指摘できる。ただし，その後の石室には腰石の手法が消滅していることや，一層の胴張り化などの問題も残り，直接の系譜とは現状ではいいきれない。

また6世紀後半の西三河・尾張・美濃の一部では，複室の石室が出現し盛行する。その内最も古いと考えられる岡崎市神明宮1号墳は，福岡県の五郎山古墳との比較において，腰石の手法やまぐさ石の使用，前室玄門部の框構造など共通点も多い。すべてが同一の系譜とも考えられないが，一部には北部九州からの伝播の可能性も十分考えられよう。

一方，畿内系の石室（とくに片袖式の石室）は，6世紀前葉から中葉にかけての前方後円墳や独立墳などの首長墓に採用される。ただし，西三河だけは，前方後円墳にも竪穴系横口式石室が採用されており特徴的である。

その後の畿内系石室は，遠江・南伊勢・志摩の地域を除いて，小古墳に用いられなかったためか定着せず，立柱石・胴張りの石室に吸収される形で消滅している。なお美濃地域では，畿内からの2回目の波が7世紀前半頃にあったようで，大型石材を用いた両袖式の石室が大型の円墳や方墳に採用され，7世紀後半までつづいている。

註
1) 土生田純之『日本横穴式石室の系譜』学生社，1991
2) 註1) に同じ
3) 斎藤嘉彦『岡崎市史』岡崎市，1993。なお同様な例に奈良県寺口忍海E21号墳がある。
4) 柳沢一男「横穴式石室からみた地域間動向・近畿と九州」『横穴式石室を考える』帝塚山考古学研究所，1990
5) 羨道部には山石が用いられており，玄室石材とは明らかに区別されている。
6) 白石太一郎「畿内における古墳の終末」『国立歴史民俗博物館研究報告』1，1982

北陸地方

石川県立埋蔵文化財センター
伊 藤 雅 文
（いとう・まさふみ）

北陸地方の横穴式石室は主に北部九州と畿内からの影響の下に成立
しているが，その後地域，時代により多様な石室構造に変化している

後期古墳文化を特色づけるものに横穴式石室が
ある。北陸では，若狭国の横穴式石室に北部九州
的要素が認められることで有名である。一方，
「越国」においては，能登国の様相が昨年開催さ
れた「蝦夷穴古墳国際シンポジウム」によって少
し分りかけてきたのみだが，系統だった横穴式石
室の研究がないために，「摑みどころのない」状
態といえる。これは，地域の研究者の責任もあろ
うが，横穴式石室の分布が希薄なために問題意識
を作ることができなかったと考えられる。1989年
に伊与部倫夫氏の北陸の石室論が発表された[1]。
伊与部氏の石室平面形に重点をおく類型設定に無
理があり，それに歴史性を付与するには問題があ
る。また，各地域の古墳の評価も納得しがたく，
あたかも土器を扱うかのような論文である。問題
を多く孕んでいる論であるが，当該地域の横穴式
石室を集成したものとして評価できよう。

1 越国の横穴式石室

越国は越前・加賀・能登・越中・越後の国々か
ら成り立っている。このうち，比較的様相が把握
されているのは，越前・能登である。
越前国の石室の初現は須恵器 MT 15 型式期
（以下，須恵器は略）の椀貸山古墳と考えられていた
が，三禿1号墳が TK 47 型式期築造ということ
で，最も古い石室になるようである。白崎卓氏に
よると畿内的要素があるとのことであるが[2]，古
墳の詳細が不明なので積極的に評価しがたい。椀
貸山古墳は右片袖型で奥壁にそって石屋形が存在
し，畿内と違う地域の影響の下に成立している。
TK 10 型式期に至ると，凝灰岩切石積みで複室
構造を持つ神奈備山古墳に続く。石屋形・複室構
造から北部九州との関連を予想できるものの，神
奈備山古墳には古墳時代前・中期に舟形石棺に使
われた，凝灰岩（笏谷石）という在地的な要素が早
くも取り入れられている点に注目できる。
TK 43 型式期に春日山古墳という大型の石室
が出現し，水切1号墳へと続くようである。春日

山古墳の玄室内には横口式石棺を安置している。
同じ頃敦賀市に石棚を持つ穴地蔵1号墳があり，
さまざまな石室要素を確認できる。7世紀以降の
動向はよくわからない。
能登国の横穴式石室の初現は，MT 15 型式期
の滝3号墳・山伏山1号墳で，滝3号墳の方が若
干古いようである。ともに右片袖型，袖石は複数
の石からなっており，壁面に赤色顔料が塗られて
いる。このような特徴から畿内型石室に類似し，
この影響の下に成立したものである。TK 43 型
式期には，散田金谷古墳や三室まどかけ古墳・倉
垣丸山古墳のような両袖型の石室が見られる。金
谷古墳は門柱石をもっているが，丸山古墳は袖石
をもつ構造となる。一方，まどかけ古墳は右側が
袖石，左側が門柱石で前壁をもつ構造となる。こ
のように系統の違う構造があり，その折衷したか
のようなものもある。これらは畿内と北部九州か
らの影響と考えられる。
7世紀に至ると，院内勅使塚古墳のような巨石
積み横穴式石室（両袖型）が出現するものの，蝦夷
穴古墳のような単独立地を示す板石積み隅三角持
ち送りT字型石室も出現する。この石室の要素の
いくつかは，在地の石室の系譜の中で把握するこ
とができる。たとえば，T字型石室はところ塚古
墳に，板石積石室は七尾湾西岸の古墳に見られる
（木ノ浦東谷古墳）[3]。しかしその出現の特異性を否
定するものでない。なお，能登半島の先端に大畠
南古墳群があり，1号墳から飛鳥Ⅳ型式の土師器
杯Bが出土している。しかも奥能登の古墳の築造
が，7世紀初頭から中葉という時期にほぼ限定で
きるので，古墳築造の陰には強い政治的な意思が
働いていたと考えられる。具体的には，畿内政権
によるエゾ侵略の動向と軌を一にすると考えてい
る。
加賀国の横穴式石室は，神奈備山古墳のような
凝灰岩切石積みによるものが多く存在する。TK
10型式期に借屋8号墳（消滅しているので詳細不明）
が出現し，7世紀後半に至るまで10基あまりが知

られている。南加賀に分布し，横穴式粘土室[4]の分布とも重複する。地域社会の中でのそれぞれの役割が違うものと考えられる。石室平面形は，両袖型を基本とするようだが，複室構造かどうかは不明。一方，西山8号墳のように袖構造のはっきりしない石室平面形が羽子板状を呈するものもある。両者の石材の組合わせ方法が若干異なるようなので，同じ凝灰岩を用いる石室墳でも違うグループと認識できる。8世紀初頭を前後する時期に，横口式石槨を内部主体とする金比羅山古墳が築かれ[5]，北陸における終末期古墳として評価できる。なお，現在の松任市周辺には，自然石を用いた無袖型の石室がわずかに分布する（田地古墳）。また，凝灰岩切石積石室の分布地域でも黒瀬御坊山1・2号墳のように自然石積みの石室墳が分布し，構造の異なる石室墳が錯綜する状況である。

越中では，MT 15 型式期の朝日長山古墳が竪穴系横口式石室と考えられており，この地域の石室の初現を示すようである。本墳から馬具や冠帽と思われる金銅片が出土しており，その特異性が浮んでくる。6世紀以降の展開は不明であるものの，石室墳は希薄な分布状態である[6]。また，越後の石室墳の分布も希薄だが，佐渡で比較的まとまった資料がある。伊与部氏によると，6世紀中葉？には九州的な台ヶ鼻古墳が出現するようで，畿内的な要素の強い河崎古墳が続き，7世紀以降無袖型が主流を占めるようである[7]。

2 若狭国の横穴式石室

当地域は北陸の中にあっても特異な地域で，中期前葉以降，城山古墳や上の段古墳・西塚古墳などの大形前方後円墳が出現し，若狭の首長墳として存在する。中期中葉に作られた向山1号墳以降，横穴式石室が採用されるようである。ただし，若狭の首長墓系列にのる古墳の横穴式石室の採用は，一段階遅れるようである。

向山1号墳の石室[8]は，後円部中央に造られ，前方部方向に開口している。両袖式でしかも石積みによる壁体は玄室上半部のみで，羨道は玄室床面より一段高くなる墓道状となっている。一段掘り込まれた玄室は，あたかも石障系石室を連想する。玄門部のみ石を立てる門柱石構造となる。墳丘のくびれ部から TK 208 型式の須恵器が出土しているので，北陸で最も古い石室であり，それが北部九州の影響の元に成立したと考えられる。こ

のような北部九州系の石室は，十善森古墳や獅子塚古墳へと受け継がれる。なお，従来竪穴式石室と考えられていた西塚古墳は竪穴系横口式石室の可能性も想定されている[9]。

TK 10 型式期の丸山塚古墳は，玄室長 6m もある左片袖型の畿内型石室で，明らかに前代までの石室構造と異なる。墳形も円墳を採用している点に注目できる。この時期以降，大谷古墳や加茂北古墳など，袖石と前壁を持ち垂直の奥壁という類似する構造を持つ。6世紀末葉？には両袖型に変化しているようである。なお，7世紀中葉に石棚を持つ浄土寺2号墳があり，敦賀市の穴地蔵1号墳ともあわせ，興味深い。

3 北陸の横穴式石室成立をめぐる諸段階

北陸の横穴式石室は，北部九州や畿内の強い影響の下に成立していることを確認した。石室の成立の第1段階が，若狭国に横穴式石室が出現する5世紀中葉である。九州の石室を写したかのような構造で，それが若狭国に直接移入しているようである。しかも，この技術が高浜町から美方町に至る若狭全域に広がりを見せている点に注目すれば，その影響は一時的なものでなく，地域に深く根差したものであることを示す。それが6世紀中頃に至って，畿内型の大型石室にとって変わる。袖型式は異なるが，奈良県二塚古墳後円部石室に近似する。このような変化は，単に畿内の影響によるものと理解するのに，余りにも大きなギャップがある。

第2段階として5・6世紀の交がある。この時期には，全国的に初期横穴式石室が成立し，越前・能登・越中もその流れの中で石室が出現したものと考えられる。ところが，越前では九州系と畿内系（三秃1号墳），能登では畿内系，越中では九州系とそれぞれの地域で違う要素が確認され，石室の成立要因が多元的であったと予想される。これは，言いかえれば，各地域と畿内政権との関係の度合いによるものであろう。第3段階として6世紀中頃がある。若狭では畿内型石室にとって変わり，越前では凝灰岩切石積み石室に変化させ，加賀でも同質の石室が出現しだす。能登では，畿内・九州二つの構築技術系譜が混在する。

第4段階として7世紀代がある。本論でほとんど触れることができなかったが，無袖型の石室の大部分がこの時期に築造されており，古墳数も増

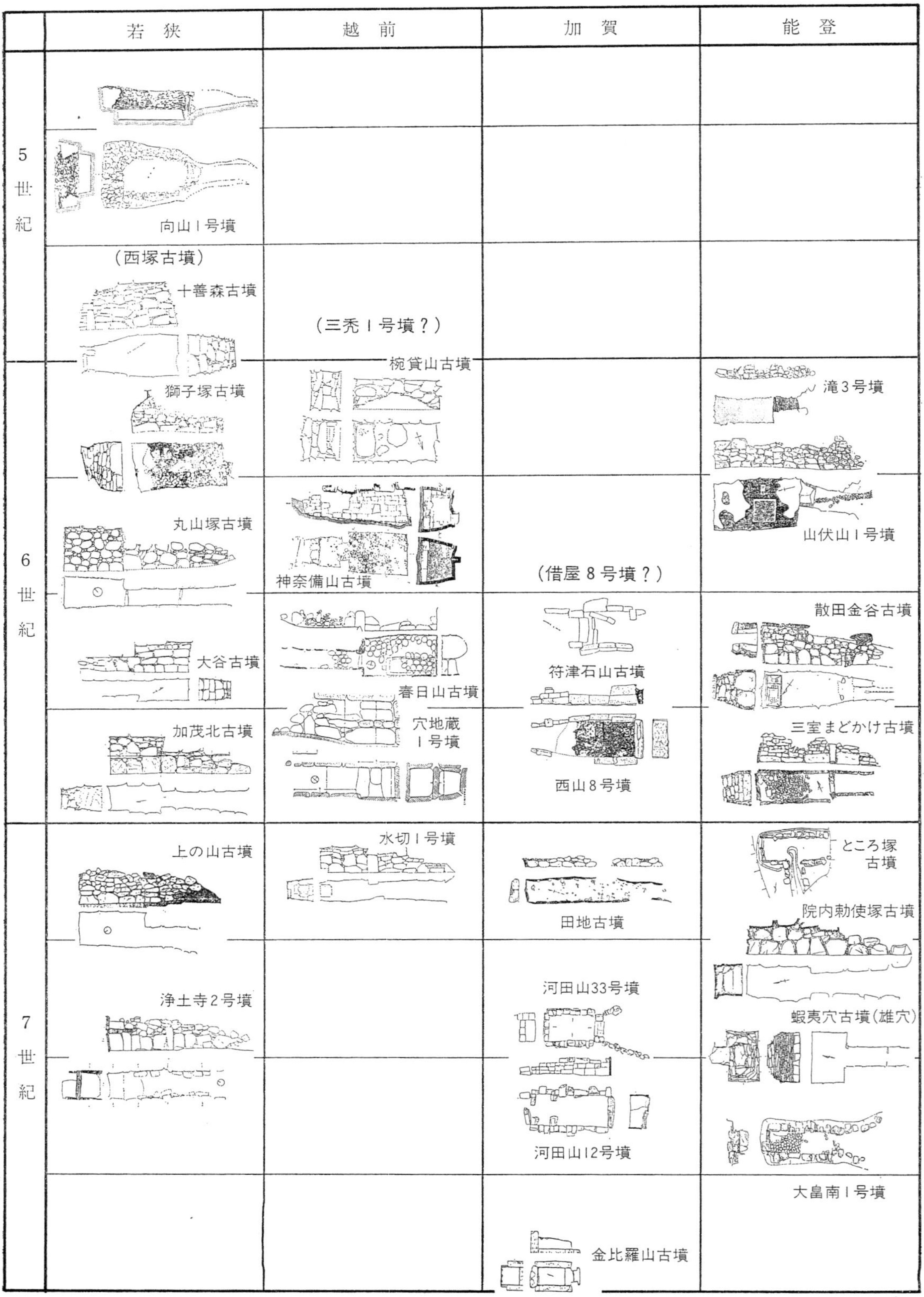

	若　狭	越　前	加　賀	能　登
5世紀	向山1号墳 （西塚古墳） 十善森古墳	（三秃1号墳？）		
6世紀	獅子塚古墳 丸山塚古墳 大谷古墳 加茂北古墳	椀貸山古墳 神奈備山古墳 春日山古墳 穴地蔵1号墳	（借屋8号墳？） 符津石山古墳 西山8号墳	滝3号墳 山伏山1号墳 散田金谷古墳 三室まどかけ古墳
7世紀	上の山古墳 浄土寺2号墳	水切1号墳	田地古墳 河田山33号墳 河田山12号墳 金比羅山古墳	ところ塚古墳 院内勅使塚古墳 蝦夷穴古墳（雄穴） 大畠南1号墳

図1　北陸の横穴式石室編年図（縮尺不同）　石室図のないものは古墳名を（　）で明示した。

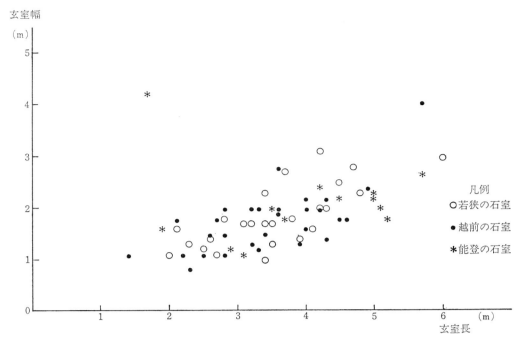

図 2 北陸西部の横穴式石室玄室規模相関図

えるようである。このような石室墳の流れは、7世紀に群形成を始める群集墳の動向と一致すると思われる。また石室墳を主体とする群集墳は越前で見られるのみで、加賀・能登で顕著に見られるものではない。これは築造集団が小規模なためであろうか。また、横穴墓もすでに築造を開始し、石室墳とともに主要な墓制の一つとして展開しているので、それとの関係を考えねばならない。

このように四段階に整理したが、石室形態の流れを便宜的に分けただけである。ここに挙げた石室は、一国を統括し得るような首長の墳墓から小地域の長に至るまで、さまざまな階層の墳墓を含んでいるので、同列に扱うことができないのは当然である。しかし、北陸の横穴式石室の大雑把な消長を把握できると考える。

4 おわりに

北陸の横穴式石室を取り巻く世界がいくつもあることを確認した。基本的には、北部九州と畿内の二地域からの強い影響が認められる。その影響を常に受けつつも、地域によってあるいは時代によってその強さが異なっているために、多様な構造の石室が出現している。この点が山陰・東海などの他地域と異なる点であり、横穴式石室や後期古墳文化の伝播と受容を考えるうえに興味深い地域である。最後に、北陸の横穴式石室の基礎的な研究が遅れているために、石室規模や副葬品の格差の比較、あるいは地域論の中での位置づけを困難にしているので残念である。

註
1) 伊与部倫夫「北陸地方の横穴式石室」古文化談叢, 20, 1989
2) 白崎　卓「越前における横穴式石室の様相」福井考古学会会誌, 9, 1991
3) 蝦夷穴古墳国際シンポジウム実行委員会『蝦夷穴古墳国際シンポジウム　古代能登と東アジア』1992
4) 学史的には、「箱形粘土槨B類」といわれるものである。近年横口構造が確実視され、横穴式木芯粘土室との関連が考えられている（北野博司「箱形粘土槨の再検討と横穴式木室との関連性について」石川考古学研究会会誌, 26, 1983）。また、玄室内を燃やした痕跡も確認されている。
5) 石川県立埋蔵文化財センター『拓影』13, 1983
6) 藤田富士夫『日本の古代遺跡　富山』1983
7) 伊与部倫夫「佐渡地方における横穴式石室」新潟考古学談話会会報, 4, 1989
8) 福井県立若狭歴史民俗資料館『躍動する若狭の王者たち』1991
9) 柳沢一男「若狭の横穴式石室の源流を探る」註8)所収

中部高地地方

飯田市教育委員会
小 林 正 春
（こばやし・まさはる）

中部高地における横穴式石室は馬の飼育と一体となって伝播したと
いえ，それは多くの古墳から馬具が出土したことにより証明される

「中部高地」は，その名のとおり，国内最高峯の富士山をはじめ，日本アルプスの山々がつらなる中，その山麓にいだかれ，行政上は山梨県・長野県にあたる。歴史的には概ね旧甲斐・信濃国の範囲である。

両県とも中央構造線沿いに発達した 3,000 m 級の山々に囲まれ，その各所に分水嶺を有し，それから発する河川は，その流域に盆地を基本とする複雑な地形を形成しながら，南にそして北へと流下して海洋に至っている。

山梨県の地形は，比較的単純といえる。合流して富士川となり駿河湾に注ぐ，南アルプス・関東山地を源とする釜無川・笛吹川が形成した甲府盆地により代表される。

長野県は，より急峻な山脈に囲まれ，南北に細長い県域のため，より複雑な地形である。北流する千曲川流域には，佐久・上田・長野の各盆地が，流下して合流する犀川流域には松本盆地がある。南流する天竜川流域には，諏訪盆地・伊那盆地があり，もう１つの南流河川木曽川流域には木曽谷がある。

このように，山と川とにより，複数の地域に大別される中部高地において，古墳時代の姿を一括して捉えることは極めて難しいが，地理的に隣接し，共通点も多く，互いに影響し合って文化相を形成したといえる。

1 横穴式石室の古墳築造に至るまで

山梨県の様相

甲府盆地南縁の笛吹川左岸の中道地域に，銚子塚古墳をはじめとする大型前方後円墳が 5 世紀まで連続して築造され，同時期の大型前方後円墳が他の地域に皆無である事実は，古墳時代前期における甲府盆地にあって，一極集中の支配体制の確立されていたことをうかがうことができる。

4 世紀の中道地域一極集中は，5 世紀に至り急速に崩壊する。それは，中道地域の古墳築造が天神山古墳をもって衰退し，その築造と前後して，

それまで周辺地帯であったところの，中道地域を除く笛吹川左岸の一帯に，また，盆地西縁の釜無川右岸の地にも古墳築造が開始される。そして，それぞれの地域を代表する古墳の大半が帆立貝型古墳である。

これら帆立貝型古墳の埋葬施設は，竪穴式石室の他に竪穴系の石棺・粘土槨・合掌式石室などと多様化する。また，副葬品の内容も甲冑など武具・武器・馬具と多彩になる。

こうした現象のすべてが，甲府盆地における支配体系の変化そのものといえ，古墳形はもちろん，埋葬施設・副葬品の変化，また，それら古墳の分布状況は，あたかも中道地域にあった在地勢力の包囲網であるかのようにより強大な勢力との直結した地域経営の様が浮かび上がって来る。

そして，その結果として次段階において，横穴式石室を埋葬施設とする古墳の築造という新しい展開に至るわけである。

長野県の様相

長野県における古墳の出現から横穴式石室の導入までの姿は，大筋では山梨県の場合と共通するが，地形条件などの差もあり，より複雑である。

出現期の森将軍塚古墳をはじめとする前方後円墳は，長野盆地（善光寺平）南部にあり 5 世紀に至るまで連続して信濃の中核とされる姿は，甲斐国における中道地域と共通する。

しかし，中信の松本平には県内最古とされる前方後方墳弘法山古墳があり，また近年，県内各地で 4 世紀型の前方後方墳が確認され，古墳前期の姿は単純に整理し難い状況である。

とはいえ，大型の前方後円墳と小規模な前方後方墳とを対比する中で，善光寺平南部の優位性はゆるがない事実といえる。

しかし，善光寺平南部の前方後円墳は，5 世紀まで連続するとはいっても，その後半期には墳丘規模が縮小し，善光寺平の他地域に分布する諸墳の中に同化されてしまう。それは，5 世紀の中頃以降善光寺平南部が信濃の中核としての位置を失

ったに他ならない。

一方，5世紀中頃を境に突如古墳築造が開始される地域がある。それは，南信の天竜川流域の伊那盆地（通称伊那谷）の南部，飯田地域である。飯田地域の古墳築造は4世紀と考えられる前方後方松尾代田山狐塚を除けば皆無の状態であった。

ここで，突如と表現するのは，若干の時間差はあるが，前方後円墳・帆立貝型古墳・円墳が一気に築造されることによる。

飯田地域で5世紀から6世紀初頭の前方後円墳が8基，帆立貝型古墳が6基，円墳が8基以上の築造が確認されている。

これらの埋葬施設は，竪穴式石室系もしくは粘土槨と考えられ，副葬品も多彩である。

このことは，5世紀中頃に潤落化する善光寺平南部の古墳築造の様と好対象であり，伊那谷南部に信濃国の中心が移動したと読み取ることができる。

それでは，何故に5世紀の後半期突如複数の古墳築造がなされたかは，外的要因を求めざるを得ないが，近年の発掘調査の成果に1つのヒントを見い出すことができる。それは座光寺新井原古墳群中より3基の馬の墓に4頭，松尾地区に接する鼎物見塚古墳周溝内より1頭，松尾茶柄山古墳群中より10基の馬の墓と10頭の馬が相次いで発見され，このいずれもが5世紀後半期に属するものと確認されたことによる。

5世紀に，15頭の馬が古墳に殉葬された事実は，この地でこの時期に馬の飼育が，それもかなり大規模に行なわれていたことを物語っている。日本国内への馬の将来時期を考慮すれば，それは一地方豪族のなせる業ではなく，中央政権と直結してこそといえ，その結果として伊那谷の古墳の存在が理解でき，6世紀以降もその生業の継続によって卓越した馬具を副葬する横穴式石室の古墳が築造されたと解することが可能である。

2　横穴式石室の展開と終焉

横穴式石室出現前の状況に触れて来たが，中部高地にあって，その理解があってこそ，横穴式石室の古墳をより正確に把握できると判断したことによる。

山梨県の様相

山梨県の横穴式石室を有する古墳は，円墳に限られる。その点で，長野県の伊那谷をはじめとす

る様相とに大きな差が認められる。

また，その定着の時期については，6世紀前半期に該当する古墳を見い出し難い実情であるが，甲府盆地北縁の積石塚群集墳中に，当該期古墳の存在する可能性が指摘される。

続く6世紀中頃以降になると，大型横穴式石室を有する円墳が盆地北縁や盆地東縁に築造される。それは，両袖式の万寿森古墳，片袖式の加牟那塚・姥塚古墳などである。この段階において，新たな外的要因が加わった結果として，東国屈指の大横穴式石室の構築がなされたといえる。

7世紀代に入ると盆地北縁および東縁を中心として群集墳の築造が盛んに行なわれ，その大半が無袖式の小型のものである。また，盆地北縁の春日居町には，白鳳期創建の寺本廃寺があり，古墳築造の終焉を示唆している。

長野県の様相

5世紀の飯田地域での古墳築造の姿は，そのまま横穴式石室の時代になっても継続する。

竜丘地区では，御猿堂・馬背塚・金山二子塚・塚越・正清寺古墳と5基の前方後円墳が横穴式石室である。

松尾地区では，姫塚・水佐代獅子塚・上溝天神塚・おかん塚古墳の前方後円墳が横穴式石室で，さらに墳丘形態から同時期とみられる御射山獅子塚古墳もある。

座光寺地区では高岡1号・北本城古墳に隣接地の飯沼雲彩寺古墳を加え3基となる。

これらは，いずれも首長墓と解すべきもので，時代別に整理すると以下のようである。

6世紀の前半に複数の形態の横穴式石室がある。座光寺北本城古墳は，TK47期の須恵器が出土し，石室壁の構築法が特異な無袖式の石室で，高岡1号墳および畦地1号墳（円墳）と共通し，これらは相前後しての築造である。

松尾姫塚古墳は，墳丘中腹に開口した小型の片袖式石室で，壁材は1m未満の自然礫を用いて構築される。これと同形のものとして竜丘金山二子塚古墳があるが，破損が著しく詳細の比較は困難である。

竜丘御猿堂古墳は，墳丘中腹に開口する10mを越す無袖式の石室である。四仏四獣鏡・盤龍鏡片を出土し，飯田地方に多い無袖式石室の最初のものといえる。

上郷飯沼雲彩寺古墳は，小型の自然石を壁材と

表1　中部高地伊那谷南部（飯田地域）における
　　　首長墓による横穴式石室編年案

	座光寺地区	松尾地区	竜丘地区	その他
5世紀	（新井原）	（茶柄山）	（塚原）	
6世紀前半	北本城 高岡1号 （畦地1号） 飯沼雲彩寺	姫塚 上溝天神塚	御猿堂 金山二子塚 （正清寺）	郭1号（喬木村）
6世紀後半		おかん塚（後円？）	馬背塚（後円）	
7世紀		おかん塚（前方？）	塚越 馬背塚（前方） （上川路廃寺）	

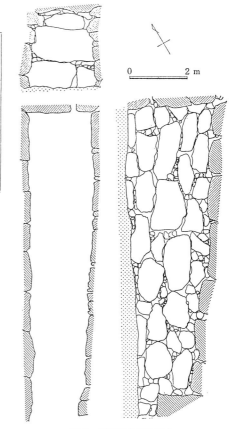

図1　御猿堂古墳の石室

した両袖式石室で，10mを越すと推測される細長い羨道に特徴がある。

　続く6世紀後半の石室は御猿堂古墳の石室に共通する無袖式石室で，上溝天神塚・おかん塚・馬背塚古墳が該当する。この形態の石室は，円墳にも用いられ最終段階まで残存する。

　最後に6世紀末〜7世紀前半に位置づくものとして，おかん塚・塚越・馬背塚古墳の巨石を用いた同規模・同形態の大型両袖式石室がある。おかん塚・馬背塚古墳には前方部・後方部それぞれに横穴式石室を持ち，互いに連続しての築造が考えられる。

　以上，飯田地域の首長墓にみられる横穴式石室の築造時期であるが，整理すると表1の流れを考えることができる。

　なお，古墳築造とは離れるが，馬背塚古墳から100mを離れない位置に，白鳳期の上川路廃寺があり，その建立が首長墓築造の終焉を示唆している。

　5世紀の後半に飯田地域で始まった馬飼育が，首長墓の築造を連続し得た要因であることは，首長墓に限らず飯田地域の大半の古墳に馬具のあることにより，証明可能である。

　また，飯田地域で開始された馬飼育が，古東山道沿いに拡散するのに伴い，横穴式石室も天竜川を遡って伝えられ，その一部は釜無川を流下し甲府盆地へも影響を与えた。具体的には，伊那谷北部の伊那市周辺の天竜川左岸・箕輪町松島王墓を築造した天竜川右岸・諏訪盆地北部の青塚古墳を築造した一帯・大門峠を控えた茅野市の一帯そして佐久盆地・上田盆地へと馬飼育と横穴式石室が一体となって伝えられた。それらの地は，古東山道沿いの拠点の地，もしくは馬生産の適地である。

　そのことは，中部高地における横穴式石室の古墳築造は，甲斐も信濃も馬を抜いては語ることができないといえる。地形的に急峻な山々に囲まれた地ではあるが，当然のこととして，隣接する駿河・相模・上野・越・美濃・三河・遠江の諸地域から影響を受けたとしても，直接の要因としては，大和王権による支配体系の中で，馬を媒介としての古墳文化の変遷があったに他ならないといえよう。

参考文献
下伊那誌編纂会『下伊那史』2・3巻，1955
白石太一郎「伊那谷の横穴式石室」信濃，40—7・8，1988
長野県史刊行会『長野県史　考古資料編』全一巻（1）〜（4），1982〜1988
千曲川水系古代文化研究所『東日本における横穴式石室の受容』1989
矢島宏雄「4．中部高地」『古墳時代の研究』第11巻—地域の古墳Ⅱ東日本，1990

関東地方

栃木県埋蔵文化財センター
■ 小森哲也・中村享史
（こもり・てつや）　（なかむら・たかし）

関東の横穴式石室の導入とその展開は独自の様相をみせ，畿
内中心の前方後円墳体制の枠を越えた強い地域性を認めうる

上野・下野・常陸の一部・北武蔵の石材の入手が比較的容易な地域（以下北関東）と常陸南部・南武蔵・総の，逆に入手困難な地域（以下南関東）に大別する。まず，それぞれの地域における導入の様子を前方後円墳を中心とする首長墳と小規模古墳に分けて概観する。次にそれぞれの地域における展開について，いくつかの特徴的な要素に限定して言及することで，地域性の検討にかえたい。

1 横穴式石室の採用とその地域性

（1） 北関東

上野　首長墳として前橋市前二子古墳と安中市築瀬二子塚古墳をとりあげる。

前二子古墳は1992年の範囲確認調査により全長148m，墳丘長93.7mの2段築成の大型前方後円墳で，両袖型石室であることが判明した。全長13.89m，玄室長5.19m，羨道長8.35mと非常に狭長な石室である。天井と壁は粗粒安山岩，床は凝灰岩を整えた敷石，玄門を一枚石（凝灰岩）で閉塞する点が特徴である。石室内面および床面全面に赤色塗彩がある。羨道と玄室の天井や床面はほぼ水平に整えられているが楣石を一段下げ，框石と玄門柱を突出させて境とする。玄室奥の側壁および奥壁の3ヵ所に鈎状金具の基部がある。

1878年（明治11年）出土の鏡・矛・鉄鏃・馬具・須恵器・土師器・ガラス小玉・金製耳環などが知られていたが，今回の調査により鉄製雛形農工具や釘が加わった。釘の出土に注目したいが報文は「木棺と直接結びつけるのは難しい」とする。墳丘下にHr-FA（群馬県榛名山起源のテフラ，6世紀初頭），周湟中にHr-FP（同上，6世紀中頃）が確認されている。

棘をもたない長頸鏃などの遺物相，須恵器群，埴輪の特徴からTK47新相〜MT15併行と考えられる。現段階では，後述する築瀬二子塚古墳とともに関東地方最古級の横穴式石室となる。

築瀬二子塚古墳も前二子古墳同様に後円部に川原石積み両袖型石室をもつ。玄室長4.07m，羨道長7.47mと前二子古墳を一まわり小さくしたような狭長な石室である。

玄室内面は赤彩される。羨道部から階段状に2段おりて玄室に至る点，天井が緩やかに玄室にむかって傾斜している点が，前二子古墳にみられない形態である。須恵器などの遺物相はMT15型式でも古い時期に位置づけられよう。

前橋市王山古墳（75.5m），正円寺古墳も，形態などから判断してほぼ同時期の石室と推定される。王山古墳はHr-FAの降下直後につくられている。

一方，円墳には，袖無型の石室が採用される点で，すべて両袖型である前方後円墳と対照的である。時期的にはMT15〜TK10型式と考えられる。

下野　前方後円墳のなかで出土遺物が判明しているのは宇都宮市宮下古墳である。凝灰岩割石を使用した右片袖型で，羨道から玄室への床面は一段低くなり，かつ天井は一段高くなって玄室前壁を形成する。なお，この床面の段差はTK43段階の瓦塚古墳に連続する。玄門部は袖石を突出させたりはせず，前記した段差と縦長に用いた石材で区別する。文様をもつ三鈴杏葉，銜先をカバーするキャップをもつ十字文楕円鏡板などの遺物からTK10段階と考えられる。前壁があり袖石が突出しない点は，畿内の石室に通じるものがあり，当地にあっては異例であることの意義に注目しておく。

宮下古墳の南東約200mには権現山古墳がある。後円部に全長約8mの狭長な凝灰岩割石乱石積みの袖無型石室がある。従来，本石室は前橋市前二子古墳との類似性が指摘されてきた。共通点としては①狭長な玄室・羨道，②奥壁石の2段積み，③閉塞が板石であること，④小さな天井石を多数用いること，などがあげられる。一方，権現山古墳が①袖無であること，②玄室に比べて羨道のほうが天井が低いこと，③玄門部では楣石を両側から挟むようにやや大型の石材を縦長に用い，

その上に一段下げた天井石を楣石状に横架させていること，④羨道に仕切りがあること，⑤赤彩・敷石がないこと，が相違点である。鉄鏃の特徴，群馬の初期横穴式石室との連関から権現山古墳はTK10段階の宮下古墳より古く位置づけられる。

円墳では大平町中山古墳と岩舟町小野巣根4号墳が受容期の古墳である。割石積の右片袖型で馬具の特徴から，中山古墳がMT15，小野巣根4号墳がMT15～TK10段階と判断される。後者の玄室全面と羨道部側壁には赤彩がある。なお，小山市飯塚古墳群中でもこの時期の石室が確認されている。

栃木においては今のところ前方後円墳に先行して小円墳に片袖型石室が導入されている。しかし，MT15段階の前方後円墳で確認される要素は十分ある。

常陸　八郷町丸山4号墳は全長35mの前方後円墳で，袖無型と推定される石室が後円部にある。石製模造品・鉄鏃などが伴い，出土須恵器はTK10型式に位置づけられている。現在のところ，前方後円墳にも円墳にも他の地域と比べて導入が遅れる。今後の調査を待ちたい。

北武蔵　大型首長墳については不明確な部分が多い。TK10段階に位置づけられる瓦塚古墳には採用されていない。30～40mの小型の前方後円墳である，東松山市長塚古墳・秋葉塚古墳では，片袖型の石室，円墳である神川町北塚原2号墳，花園町小前田9号墳では狭長な石室と形態を異にする傾向がある。ただし，黒田4号墳のように，径18mほどの円墳で，片袖型の石室もみられ，一律ではない。遅くともTK10段階には導入されている。

（2）南関東

南関東で横穴式石室が古墳の内部主体として採用されるのは6世紀中葉から後葉にかけての時期である。5世紀末から6世紀前葉に採用される北関東に比べると若干遅れる傾向がある。今後，いわゆる初期横穴式石室が発見される可能性は否定できないものの，群馬県のように初期横穴式石室がその出現後にも一貫した発展を示す状況とは様相を異にする。

首長墳で横穴式石室を採用する初期の古墳としては，南武蔵では大田区観音塚古墳，横浜市三保杉沢古墳，下総では市川市法皇塚古墳，小見川町城山1号墳，上総では富津市九条塚古墳，三条塚古墳，西原古墳が挙げられる。相模では確認されていない。

南武蔵　観音塚古墳は埴輪をもつ全長41mの前方後円墳である。石室は玄室長3.5mの切石積みの両袖型で，玄門をもたない単室である。三保杉沢古墳は埴輪をもつ全長28mの前方後円墳で，全長5.30mの切石積み袖無型の石室である。床面には板状の石が敷かれている。両者とも切石積みであり，同じ地域の小規模古墳の石室より規模が大きい。

群集墳形成の初期に作られた古墳としては，北区赤羽台3号墳・4号墳，日野市平山2号墳・万蔵院台2号墳，多摩市塚原5号墳が挙げられる。これらはそれぞれの地域で入手しやすい石材を使用しており，赤羽台3号墳・4号墳では海岸から運んだと考えられる貝類の生痕の残る転石が，平山2号墳，塚原5号墳，万蔵院台2号墳では川原石が使用されている。

下総　法皇塚古墳は埴輪をもつ全長54.5mの前方後円墳である。全長約7.5mで凝灰質砂岩による割石積み片袖型の石室である。玄室床面には板状の石が敷かれている。城山1号墳は埴輪をもつ全長68mの前方後円墳である。石室は全長6.5mの割石積み片袖型である。羨道内を塊石で前端部を一枚の板石で閉塞していた。両者とも割石積み片袖型で副葬品が多いという点で類似している。

上総　九条塚古墳，三条塚古墳，西原古墳は小糸川流域の内裏塚古墳群を形成する古墳で，九条塚古墳は全長105m，三条塚古墳は全長122m，西原古墳は全長63mの前方後円墳である。三条塚古墳と九条塚古墳は内裏塚古墳の系列に連なる大型首長墓で，西原古墳はそれらより小さい。さらにそれより小さい直径25mの円墳である白姫塚古墳も横穴式石室を採用しており，古墳の規模に規制されず，横穴式石室を採用した状況が窺われる。九条塚古墳は全長約7mの横穴式石室と考えられているが，古い発掘なので石室の構造は不明である。三条塚古墳は全長約8.5m，西原古墳は全長約11mで，いずれも砂岩の磯石による自然石乱石積み袖無型の狭長な石室である。

横穴式石室が首長墳に採用され始めた時期には，小規模古墳でもそれほど遅れることなく，採用されている。小規模古墳は群集墳の構成墳が多い。また首長墳では埴輪をもつ割合が高いのに比

78

年代	画期	上野	下野	常陸	武蔵	相模	上総・下総
500	横穴式石室の導入	筑瀬二子塚 前二子	中山	権現山 宮下	北塚原2号 黒田4号		
	石室の地域性出現（切石、複室）	観音山	吾妻	丸山4号 大日塚		室ノ木	九条塚
600	前方後円墳の消滅	観音塚 宝塔山 蛇穴山	下石橋愛宕塚 車塚	風返稲荷山 平沢　武者塚	将軍山　観音塚 真観寺 八幡山　稲荷塚 馬絹 瀬戸岡	釜口	三条塚　城山1号 金鈴塚 割見塚　駄ノ塚 森山塚 公津原
700	古墳の終末						

関東の横穴式石室編年図

べ，小規模古墳では低い。

2　展開とその地域性

（1）北関東

上野　6世紀後半段階の首長墳に大型の石室が登場する。高崎市観音山・観音塚古墳がその頂点ともいうべき前方後円墳で畿内の石室と対比される規模・内容をもった首長墳である。石材については，6世紀中頃に噴出したとされる榛名山起源の角閃石安山岩使用石室の年代観の再検討とその分布域，さらに7世紀になって技術的革新を伴って採用された非常に硬い輝石安山岩の切石截組石室の階層制の問題がある。なお，前橋市蛇穴山古墳に代表されるような切石使用で前庭部が「ハ」の字状に開く石室の被葬者を特定の氏族に当てはめようとする見解がある。しかし，他地域でも類似例が確認されており検討を要しよう。

下野　①玄室の長さに比べて非常に羨道が短い石室，②梱石上に玄門柱を立てその上に楣石を横架させる「組み合わせ式玄門」，③凝灰岩切石使用のくり抜き玄門や大型の一枚石を組み合わせる石室，④芳賀地方に見られる奥壁幅が非常に広い独特の平面形，などの様相が特筆できる。このうち，①については県南を中心に県東部にも分布する。半地下あるいは地下式の川原石積みの矩形の玄室に短い溝状の羨道部がとりつく。玄室床面が地下にあるため，羨道から一段下りて玄室に入る点が特徴である。当地の墳丘構築の特色である「基壇」との密接な関係で理解される。形態的には竪穴系横口式石室の系譜を引くもので，愛知・静岡（とくに駿河の「前溝」と酷似する）あるいは九州地方との関連が認められる。なお，木芯粘土槨（室）も確認されており，やはり駿河地方との関連が興味深い。

一方，③については，出雲の石棺式石室と良く似た特徴であるが，TK43段階に全国に先駆けて当地の最有力首長層が独自に創出したと考えられる。規模・使用石材による階層性の問題を内包する。

常陸南部　他地域で広く横穴式石室が採用される時期になっても箱式石棺が前代に引き続き盛行する。その終末段階には筑波山南麓の平沢古墳群や新治村武者塚古墳のような片岩使用の特徴的な石室が認められる。

（2）南関東

古墳の内部主体に採用された横穴式石室は群集墳の盛行とともに数を増し，前方後円墳消滅以降も構造的にはさらに展開を見せる。

武蔵　前方後円墳消滅後の首長墳としては多摩市稲荷塚古墳，川崎市馬絹古墳がある。稲荷塚古墳は八角形墳として近年話題を呼んだ全長34mの古墳である。石室は全長約6.3mの切石積みで玄門をもつ両袖型である。玄室は胴張り形で複室構造をとる。馬絹古墳は直径33mの円墳で，石室は全長9.6mの切石積み両袖型で，正方形の玄室と三つに仕切られた羨道よりなる複雑な構造をとる。これらに共通するのは切石積みで羨道を仕切った複室構造という点であり，この地域の小規模古墳にも取り入れられている。多摩川流域では上流域は胴張り形が多い。使用される石材は川原石が多く，切石は大型墳以外は少ない。それに対して中・下流域では正方形や長方形が多く，小形墳でも切石が多く，川原石は少ない。玄室の胴張りは，赤羽台古墳群や万蔵院台古墳群のように群の形成の初期には袖無型や片袖型であったところに遅れて採用されたもので，この状況は北武蔵と

共通している。逆に多摩川中・下流域では胴張りを受け入れなかったと見ることができる。7世紀後半になると古墳の築造は少なくなるが，秋川市瀬戸岡古墳群ではこの時期から8世紀代まで盛行し，蔵骨器の埋納まで行なわれる。それらの地下式で袖無型の石室は，静岡県富士川町山王古墳群・妙見古墳群，清水町伏見古墳群の石室との系譜的関連が考えられる。

相模 横穴式石室をもつ大規模な古墳はみられないが，首長墳的なものとしては大磯町釜口古墳がある。玄室長2.9mの切石積みの石室で，床面には切石が敷かれている。側壁は床面の切石の上に置かれており，横口式石榔の影響を感じる。群集墳も盛行する。

下総 城山1号墳に後続する首長墳としては全長42mの前方後円墳である城山6号墳がある。石室は全長3.3mの胴張り形両袖型である。城山1号墳の石室とは形態が異なっており，系譜的なつながりを見ることはできない。むしろ武蔵の胴張り形石室との関連が推測される。終末期では龍角寺古墳群と公津原古墳群が盛行する。

上総 内裏塚古墳群では三条塚古墳に後続する横穴式石室をもつ前方後円墳は確認されていない。むしろ小櫃川流域の木更津市金鈴塚古墳に狭長な袖無型石室のその後の展開を見ることができる。その石室は全長10.3mの切石乱石積みの石室である。箱形石棺をもつ点も内裏塚古墳群の石室と共通する。内裏塚古墳群で前方後円墳消滅後の首長墳と考えられるのは割見塚古墳である。墳丘の一辺が40mの方墳で，二重の周堀を有し，それを含めると古墳の範囲が一辺107.5mとなる，非常に大規模なものである。石室は全長11.7mの切石積みで，畿内の横口式石榔の影響を受けたと見られる特異な構造をとる。これに後続すると考えられる森山塚古墳も類似した構造をとる。内裏塚古墳群では前方後円墳消滅に伴い，石室の構造が変化していることが窺えるが，首長墳の墳形が変化しても石室の構造がそれほど変化しない例もある。成東町板附古墳群では前方後円墳の不動塚古墳と方墳の駄ノ塚古墳の両者とも切石積みで複室構造の石室であり，大きな構造の変化は見られない。このような傾向は横穴式石室の築造と前方後円墳の築造の規制が全く同じに働くものではないことを示している。

3 おわりに

当地での横穴式石室の導入とその展開は，土生田純之の畿内型横穴式石室の定義に従う限り，その要素を満たす石室は一部を除いて非常に少なく，全く独自の様相をみせる。形態だけでなく，石室内で須恵器・釘の出土が少ない点にもその葬制の一端が表われている。これは，ひとり当地域に限定されるものではなく，九州あるいは山陰地方なども同様に強烈な地域性をみせる。古墳時代前期において埋葬施設の構造や都出比呂志が「棺制」と評価した棺そのものの構造についても，東国のそれが時間的あるいは構造的に独自性を示すとする岩崎卓也の見解が想起される。

導入の時期は上野がやや先行するが，ことさらに東山道を強調する必要はない。前二子古墳に代表される狭長な形態・赤彩・床石・鉤状金具・追葬の有無・板石閉塞などの諸要素を他地域あるいは前代からの固有の墓制の中で吟味する必要がある。

横穴式石室の地域性が，それぞれの地域における入手可能な石材の有無・種類・加工の難易度に起因して発現したと限定するだけでは不十分である。埋葬形態を同じくする地域内での集団および階層関係，さらには地域間交流の実態をこそ重視すべきであろう。ここでは竪穴系横口式石室やくり抜き玄門などの特色に触れた。古墳時代後期における東国の埴輪の独自な展開が指摘されて久しい。そこにはもはや前代の一元的な畿内中心の前方後円墳体制の枠を越えた前方後円墳体制下における「地方の時代」ともいうべき社会の変容を認め得る。現代社会においてわれわれが直面している問題とも呼応する点で今日的でさえある。したがって横穴式石室研究の意義はかつての「地方の時代」のありかたの残照究明にあるといっても過言ではない。

1—(2)・2—(2)を中村，他を小森が担当した。なお，紙幅の都合で構築位置・胴張り・T字型石室などの要素を扱えなかった。また，参考・引用文献をすべて割愛した。非礼を御容赦いただきたい。

東北地方

福島県文化センター
福島 雅儀
（ふくしま・まさよし）

東北地方の横穴式石室は，南部で6世紀前半に導入されるが，その後
100年をへて大半の地域に展開し，くわえて南部では横穴が盛行する

東北地方のなかで，横穴式石室の存在が確認されているのは，太平洋側では岩手県中部，日本海側では山形県南部までである。これより北の地域では横穴式石室を意識したような内部主体の確認はされているが，明確な横穴式石室は知られていない。そこで以下では，東北地方南部の地域を中心に，横穴式石室の出現とその変遷過程から時期別に区分を行ない，さらにその構造や系譜，地域的特質についても必要に応じて検討を加えることにしたい。

1 導 入 期

東北地方で最初に横穴式石室が出現するのは，福島県の太平洋岸と阿武隈川上流域である。形態的特徴は横穴式石室と同様であるが，機能的には竪穴式石室のように追葬の難しいものである。長沼町塚下古墳や鹿島町真野20号墳，浪江町加倉1号墳・2号墳である。塚下古墳は直径22mの円墳で，内部にT字形の横穴式石室が造られている。しかし羨道部の先端は墳丘の内部に納められて，墳丘面には達していない。加倉1号墳では，表土を方形に掘り込んで横穴式石室の掘形が造られ，その内部に円礫で壁を造り，これに天井を設ける構造の内部主体であったと推定される。検出状態からみると，ある程度の空間が内部に設けられ，それが崩壊したような状態であることからすれば，天井部の材質は不明であるが，礫郭のような施設ではないであろう。また玄門部は，比較的大きな河原石で閉塞されていた。しかし羨道は，浅い溝のような状態で検出されたにすぎない。

これらの点からすれば，横穴式石室を意識して造られた内部主体ではあるが，機能的には十分ではなかったであろう。時期については，加倉1号墳では羨道部の土師器が佐平林式に比定されるもので，6世紀前半の年代が考えられている。これに対して玄室の鉄刀は，鉄製鍔の装着されていたもので，刃部の幅も3cmより大きい。多くの場合6世紀後半の年代が想定される遺物である。

2 成 立 期

形態的にも構造的にも，本格的な横穴式石室が出現した時期である。おもに阿武隈川上流域で確認されている。白河市下総塚古墳や矢吹町鬼穴古墳などである。編年的根拠は，これらの古墳に最終段階に近い埴輪を伴うことである。一応，6世紀の中頃から後半の時期を想定したい。すると太平洋岸でも相馬市高松1号墳や鹿島町真野24号墳などが含まれよう。これらの墳形は前方後円墳である。また横穴式石室の平面形はL字形で，特異な形態である。

これらの横穴式石室の特徴はつぎの3点である。1. 玄室の奥壁には大きな板石が使用されることが多い。2. 玄室の基底石は立てるように据えられ，それより上部は平らに石材を積み上げている。3. 玄室の側壁はほぼ平行するように造られ，いわゆる胴張形ではない。たとえば鬼穴1号墳であるが，この横穴式石室は両袖式である。石材が花崗岩であることもあって，その構造や形態は，関西地方に多くみられる横穴式石室と共通点が多いようである。

しかし副葬品についてみると，玄室からは鉄刀や鉄鏃などの武器・馬具・装身具などが出土するが，須恵器はほとんど出土しない。土師器も同様である。須恵器出土に示される食物供献品儀礼などは，福島県内の古墳では執り行なわれなかったのであろうか。

東北地方南部の古墳時代後期は，以前と比べると有力古墳が造られなくなる点が大きく異なる特徴である。また関東地方と比べても古墳の数はかなり少なく，古墳自体の規模も小さい。高松1号墳や真野24号墳は小規模な前方後円墳である。しかし当時の福島県内では有力な古墳であり，本格的な横穴式石室は，このような古墳にまず採用される。その被葬者層は，現在の郡域をさらに分割するような範囲を勢力基盤にするような豪族層であろう。

3　展開期

　6世紀末葉から7世紀中頃で，東北地方南部の大半の地域に横穴式石室が出現する時期である。この時期は，それまでの構造を継承するもの以外に，新しい形態や構造の横穴式石室が出現する。切り石積みであり，玄門や胴張り形玄室，平積みの多用などである。これらに加えて横穴が盛行するようになる。

　分布範囲についてみると，奥羽山脈の東側では宮城県の北部から南の地域，西側では米沢盆地の各地で確認されている。また会津盆地にも少数ではあるが分布している。米沢盆地や福島盆地から郡山市にかけての地域では，多くの古墳に横穴式石室が採用され，横穴はほとんど知られていない。これに対してその他の地域では，横穴式石室と横穴が競合している。とくに福島県の太平洋岸では横穴が優勢で，相対的に横穴式石室を内部主体とする古墳は少なく，多くの群集墳は横穴で構成されている。

　この時期の福島盆地では，桑折町錦木塚古墳や福島市月ノ輪山1号墳がある。前者は全長50mの前方後円墳で，横穴式石室は切り石で造られている。横穴式石室の規模は全長6.10m，玄室長3.60m，同幅1.54mである。玄室の平面形は胴張りで，玄門が設けられている。時期は玄室から出土したフラスコ形長頸壺や鉄刀から7世紀中頃でも古い段階であろう。月ノ輪山1号墳は直径20mの円墳である。横穴式石室は全長11.3mで，割石などで造られている。玄室は細長く側壁はやや外側へ湾曲している。玄室からは金銅装の頭椎大刀などが副葬されていた。また須恵器も他の古墳と比べると比較的多く出土しており，これらから推定して7世紀前半の年代が考えられよう。これ以外の古墳では福島市城山古墳，同市日向1号墳，国見町森山1号墳などがある。

　米沢盆地では金原古墳が注目されよう。墳形は方墳の可能性があるが明確ではない。横穴式石室は切り石で造られ，全長4.6mである。玄室の平面形は方形に近い形態で，奥行2.6m，幅2.3mである。石材は凝灰岩の大きな板石で，これを立てるように用いて石室が造られている。また玄門も明確である。7世紀中頃の古墳であろう。このほか二色根1号墳や長手1号墳などが同時期の古墳であろうか。

　横穴と競合する地域でも有力古墳には，横穴式石室が採用されている。須賀川市蝦夷穴古墳，同市前田川大塚古墳，いわき市金冠塚古墳，仙台市法領塚古墳，古川市日光山5号墳などである。

　蝦夷穴古墳の墳形は不明である。横穴式石室には凝灰岩の切り石が使われている。玄室は高さ3.10m，幅2.10m，奥行4.35mで，東北地方では最も大きな例の一つである。奥壁には大きな板石が使用され，側壁は持ち送り技法で5段に積まれている。明治年間に開口し，この時に金銅装の頭椎大刀や銅椀などが出土している。横穴式石室の規模や副葬品からして関東地方の有力古墳と比べても，大きな差はみられない。前田川大塚古墳は蝦夷穴古墳より古い特徴を持つ横穴式石室である。角ばった石材を用いて，これを平らに据えて持ち送り技法で積み上げられている。玄室は奥行11m以上，幅2.2m，高さ3.1mである。規模は蝦夷穴古墳のそれと近い。細長い玄室で，玄門が設けられている。特異なる点は，玄室の床面に大きな板石が敷かれている点である。

　金冠塚古墳と法領塚古墳は，横穴式石室の形態が近似している。石室の平面形は細長くその中央部からやや羨門部よりに柱状の玄門が設けられている。また玄室の基底部奥壁よりには，大きな石材が縦に据えられている。側壁のこれ以外の部分は，石材を平らに重ねて持ち送りの技法で造られている。相違点は，法領塚古墳の玄室の奥壁側の床面に切り石が敷かれている点である。金冠塚古墳は二段築成の円墳である。この内部からは，大きく3層に分かれて総計13体以上の人骨が出土している。またこれらに副葬された鉄刀や馬具・挂甲・冠飾りなどが出土している。横穴式石室の機能と用途を示す遺構である。しかし須恵器は少量である。法領塚古墳からは，副葬品の断片が出土しただけで，本来の状況はほとんど不明である。

　日光山5号墳は，河原石を主体に横穴式石室が造られている。玄室と羨道・前庭部で構成されている。これまでの横穴式石室が，比較的大きな石材を主体に造られていたのに対して，小さな河原石を用いて，側壁は小口積みで造られている。また玄門が設けられない点や前庭部が造られていることからすれば，ほかの横穴式石室とは異なる系譜が想定される。時期は，出土した須恵器の長頸壺から7世紀前半と推定される。

　以上のほかには鳥谷八幡1号墳や角田市大久保

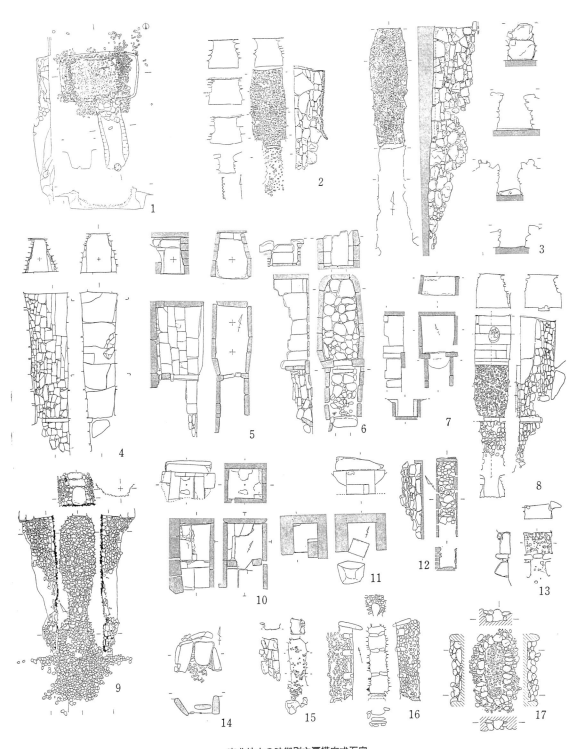

東北地方の時期別主要横穴式石室
導入期（1福島県加倉1号墳）　**成立期**（2福島県鬼穴1号墳）　**展開期**（3福島市月ノ輪山1号墳，4須賀川市前田川大塚古墳，5須賀川市蝦夷穴古墳，6福島県錦木塚古墳，7山形県金原古墳，8仙台市法領塚古墳，9古川市日光山5号墳）　**衰退期**（10福島県宮ノ前古墳，11白河市谷地久保古墳，12須賀川市一斗内3号墳，13山形県北目1号墳，14福島県森山5号墳，15福島市寺山1号墳，16岩手県江釣子1号墳，17宮城県色麻106号墳）

83

5号墳などが比較的有力な古墳であろう。また福島県鹿島町横手1号墳では，大きな切り石で側壁と奥壁を造りこれに玄門を設けたような内部主体が確認されている。この古墳は前方後円墳である。横穴と競合する地域では，福島県石川町悪戸古墳群，同県双葉町沼の沢古墳群などの小規模な群集墳がある。また宮城県丸森町台町古墳群や白石市鷹巣古墳群のように，古くから続く大規模な古墳群のなかでも確認されている。しかし宮城県南部では，福島県と比べると数は少ない。

有力者層の古墳と考えられることの多い装飾横穴でも，副葬品に注目すれば，明らかに優位にあるのは中田1号横穴だけである。したがって，横穴式石室を内部主体とする古墳のほうが，相対的に有力者層の占める割合が多いと推定されよう。

4 衰退期

横穴式石室が小型化して，本来の機能を果たさなくなる時期である。山形県高畠町北目1号墳や米沢市牛森古墳，福島県梁川町新山古墳群，宮城県色麻古墳群などである。同時に横穴も小型化して，追葬のできない単葬用に変化する。これらの古墳からは，蕨手刀や返りの無い須恵器蓋杯類，跨帯金具などが出土することから，編年的には7世紀後半から8世紀中頃近くであろう。分布についてみると，横穴式石室は岩手県域まで拡大し，さらに横穴式石室を意識した内部主体の，丹後平古墳群など青森県でも確認されている。また有力古墳としては，近畿地方の横口式石郭と共通する構造の古墳も出現する。福島県玉川村宮ノ前古墳と白河市谷地久保古墳である。

このうち色麻古墳群では，400基以上の古墳が確認されている。横穴式石室は河原石を用いて造られ，展開期の多くの横穴式石室とは構造や形態が異なっていることから，前段階の横穴式石室とは系譜の異なることが想定される。この点について，調査者の古川一明によれば，埼玉県から群馬県にかけて分布する横穴式石室と共通する点も多いと指摘されている。記録でも宮城県の北部へは，関東地方からの移民政策が行なわれたとされている。またこの地域では，御駒堂遺跡などでは日常的に使用された関東的な土器も確認されていることから，その可能性が高い。仙台市安久東古墳群なども同様の古墳群であろう。また米沢市戸塚山古墳群や，郡山市安積古墳群，同市蒲ノ倉古

墳群も大半はこの時期と推定される。

岩手県内では，江釣子古墳群などで確認される横穴式石室は，河原石を用いた単葬用である。その築造年代については，伊藤玄三によって8世紀中頃以前という指摘がなされている。さらに最近では土器や鉄刀などから，遅くとも7世紀後半には築造が開始されたと考えられている。横穴式石室の形態からも，色麻古墳群などの特徴を考えれば，無理はないであろう。出土遺物については，長沼古墳などでは武器や馬具・装飾品などこの時期の東北地方南部の古墳群のそれと比べると比較的豊富ではある。この地域は，当時の日本のなかで，いわゆる蝦夷地と呼ばれる地域である。しかし古墳の築造が，宮城県以南の地域で社会的にも政治的にも，その機能を失っていない段階に造られていることからすれば，このような古墳の築造にさいしても，当時の政策が反映されているのであろう。東北地方北部の古墳の分布に片寄りがあるのも，その結果ではないだろうか。

5 まとめ

東北地方の横穴式石室が，以上のような変遷を経過するとすれば，複葬墓として追葬の可能であった段階と単葬墓として追葬のできない時期に大別されよう。前者では大半が近接する関東地方北部の横穴式石室と構造的にも形態的にも近似していることから，これらの地域との結び付きが想定される。その被葬者も前方後円墳や当時としては大型の古墳が含まれていることから，在地の有力者層の古墳に採用された内部主体と考えられる。

これに対して後者では，点在するように大型の群集墳が形成され，構成する各古墳の内容は比較的均一である。またこのような群集墳を統合するような有力な古墳は，付近には確認されない。さらに宮城県北部の色麻古墳群では，それまでの伝統的な構造や形態とは異なる横穴式石室である。この点からすれば，この時期の大型群集墳が在地の自立的な発展のなかで築造されたとは考えられない。また谷地久保古墳などと7世紀から8世紀という年代を考えれば，律令体制が成立する一環としてこの地方にも中央勢力による支配体制の強化と整備が強力に進められたと推定される。その政策の一端が，衰退期の横穴式石室を内部主体とする古墳の在り方に示されていよう。

江辻遺跡第2地点の全景（上空から）

渡来系稲作集落が発見された
福岡県江辻遺跡

構　成／新宅信久
写真提供／粕屋町教育委員会

福岡県粕屋町江辻遺跡では最古の朝鮮半島系円形住居群を溝で囲う環溝集落遺跡である。円形住居跡11軒、掘立柱建物7棟が検出され、この中には大型特殊掘立柱建物も存在している。日本における稲作受容期（縄文晩期最終末期）の集落全体の構造が初めて明確になり、今後、朝鮮半島無文土器文化との関係に大きな波紋を投じることとなった。

松菊里型（江辻型）住居跡群近景（南から）

福岡県江辻遺跡

大溝全景（東から）

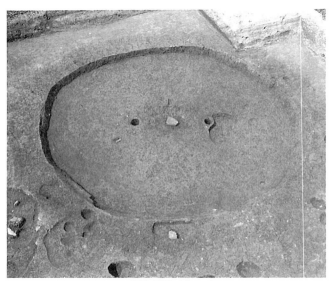

10号住居跡（北から）

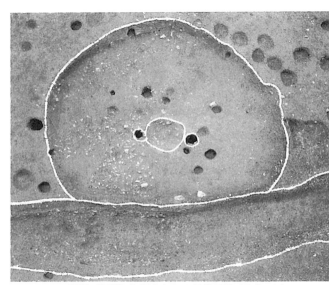

13号溝（環溝）に切られた8号住居跡（上空から）

5号掘立柱建物跡（北から）

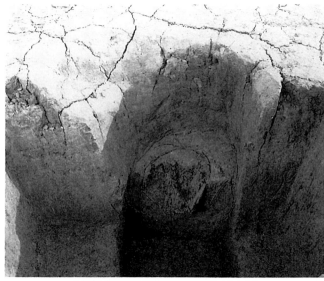

7号掘立柱建物跡柱痕断面状況（北から）

3室の石室を有する方墳
岐阜県次郎兵衛塚1号墳

次郎兵衛塚1号墳全景

可児市次郎兵衛塚1号墳は、岐阜県下最大級の2段方墳である。中央の主室を挟んで左に西副室、右上に東副室が付設されている。主室は複室構造で、15.5mを測る巨大なものである。主室の天井石と奥壁を除くほかはすべて川原石によって築かれており、一辺29.5mを測る。前方後円墳から形を変えた、地域最後の首長墳と考えられる。

構　成／長瀬治義　　写真提供／可児市教育委員会

主室の羨道・前庭部

主室の玄室（2室に分かれている）

主室の前室側壁・両玄門

岐阜県次郎兵衛塚Ｉ号墳

東副室・石室近景

東副室上面と周囲の遺物

西副室正面

●最近の発掘から

最古の渡来系稲作集落 ——————福岡県江辻遺跡

新宅信久 粕屋町教育委員会

1 遺跡の概要

　江辻遺跡は福岡県糟屋郡粕屋町に所在する。地理的には，東側は標高600m級の篠栗山系や三郡山系を後背として前者からの篠栗川，久原川が当町の北西部において合流し，多々良川となって博多湾へ終着している。また，後者からは須恵川が流れ，これらの多々良川水系によって広大な沖積平野を形成している。町の西側には，百万都市福岡市が隣接し，最近では，交通体系の充実化なども起因して流通関係業務，住宅開発などが急速に目立ち始めている。江辻遺跡の調査も民間の大規模流通団地造成工事によるものである。その開発面積は，約155,000m²（福岡市分面積を併せると約200,000m²）という当町においてもかつてない事業であった。教育委員会はこの開発において埋蔵文化財事前審査願の提出を受理したため，平成3年11月より試掘調査を実施した。

　その結果，開発敷地内約20,000m²について遺構・遺物を確認したため調査起因者との間に委託契約を取り交わして同年12月より本調査を実施する運びとなった。

　本調査では，2棟の倉庫建築予定地（第1地点12,000m²，第2地点8,000m²）について調査を実施した。第1地点では，現水田下約1m程度から縄文晩期終末期の包含層および遺構を確認した。遺構としては，松菊里型住居跡2軒（円形住居1軒，隅丸方形住居1軒）と掘立柱建物跡1棟（1間×3間）を検出した。時期については，遺構の残存状況が悪く明確には把握できないものの，夜臼式土器を伴い夜臼Ⅱa段階に相当するものと考えられる。

　さらに夜臼期検出面より下層には縄文前・中期の遺物包含層が確認され，九州では希有である並木式・阿高式土器が発見された。これらの遺物については，層位的に上下関係は把握できなかったものの，瀬戸内系船元Ⅲ式土器などが混入しており，九州縄文中期土器における相関性や動向を研究するうえで重要であると考えられる。

2 第2地点の調査

　第2地点は，篠栗川と久原川の合流点付近に所在し，これらの河川に挟まれた河川段丘上に立地している。第1地点よりも500mほど西に位置しているが，試掘時より円形プランを数基確認していたため，第1地点の調査成果により松菊里型住居跡の検出を期待した。

　本調査では，竪穴式住居跡11軒，掘立柱建物跡7棟（このうち1棟については大型特殊建物跡），溝15条，大溝1条，土坑28基を検出し，縄文晩期終末期（弥生早期）の集落としては，福岡県二丈町曲り田遺跡に次いでの予想を上回る貴重な発見となった。詳細な時期については，今後の資料整理を待たねばならないが，各遺構からの出土状況を観察する限りではほぼ夜臼式単純期（夜臼Ⅱa・Ⅱb段階）と考えられる。以下，第2地点を中心に各遺構についての概要を説明する。

　松菊里型（江辻型）住居跡　竪穴式住居跡11軒を検出した。プランはすべて円形もしくは楕円形である。現水田による削平が著しく残存状況が良好でないものが数軒あるものの，検出時での平均直径約4～5m，深さ約20～30cmを測る。特筆すべきは，全住居内の中央に楕円形の小土坑があり，その両脇にピットが配されている。中央土坑を挟んでのピット間の長さは約1.2mを測り，ピットの深さは約50～70cm，中央土坑は15～20cmである。ほぼ東西を基準に主軸を向けているようであるが，異なるものも見られる。

　現在，これらの円形住居跡については松菊里型住居と呼称されている。当然ながらこの命名については，韓国忠清南道松菊里遺跡検出住居に由来が求められるが，現段階においてのこれら円形住居について，韓国・日本においての相互関係，年代関係については研究が進展しつつあるものの，未だ不明確な部分が多い。所謂松菊里検出住居跡と江辻遺跡検出の住居では，前者が中央土坑の内部にピットを配し，後者は前述のとおりである。これらの状況から江辻遺跡の円形住居跡については江辻型住居と呼称することとした。

　掘立柱建物跡　調査区では6棟の掘立柱建物跡と1棟の特殊掘立柱建物跡を検出した。掘立柱建物跡は梁行1間，桁行の柱間隔は，約1.7～1.8mを測り，桁行の間隔は約1.6～2.2mと数値に開きが見られる。この中で最長の2号建物跡は梁行1.7m，桁行全長約10mを測る。柱の深さは約50～70cm程度であるが，1号建物は柱痕が確認され径は25cm程度を測る。7号建物については，柱と見られる木質が一部残存しており，腐朽化が顕著であるが，確たる証拠として裏付けられる資料である。

　これらの建物群は，掘立柱建物跡であるのか，高床式

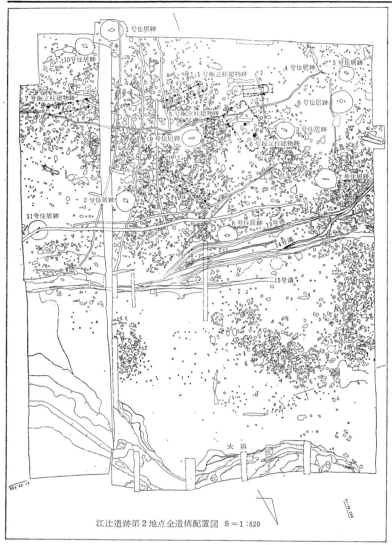

江辻遺跡第2地点全遺構配置図 S=1:820

建物跡であるのか現在のところ意見に相違がある。また、調査地域においては貯蔵穴が発見されないため、倉庫的な性格が強いのではとの見解もあり、今後の課題である。

6号建物跡は、大型特殊建物として紹介する。この建物は、ほぼ南北に主軸を向け、梁行4間（約5.6m）×桁行5間（約10.3～10.5m）、床面積約58m²を測る。中央軸線上に2基の直径約70cm、深さ70cmの柱穴があり、20cm程度の28基の小柱穴でそれらを取り囲んでいる。小柱穴は約1.2～1.8m間隔で並び、それぞれの四隅は3基の柱穴で構成するという特異な構造を呈している。

この建物については現在のところ類例が確認されていないが、中国雲南省石寨山古墓出土青銅器に相似しているとの指摘もあり、神殿説、集会場説、共同倉庫説などの諸説が示されているがこの建物の機能・性格については用途不明である。

環溝集落 江辻型住居群と掘立柱建物群は調査区ほぼ中央を東西に区切る13・14号溝によって住居区域と非住居区域とに明確に区画されている。現水田により一部が削平されているものの、13号溝は最大幅約1m、最大深約70cmを測る。掘り直しが認められ、築造当初は1条の溝で形成していたものが、後に2条になっていることが現地での土層状況により判明した。これらの溝は、13号溝が南西側へと湾曲しながら延伸するのに対して、14号溝は東西に軸をとりながら延びている。

これらの溝が果して2条並列した環溝になるのか否かについてはこれからの周辺の調査が必要となってくるが、少なくとも集落を溝で取り囲むといった状況に関しては、環濠集落の性格と類似した集落遺跡である。

大溝 調査区の北側は、丘陵が低地へと緩やかに傾斜している。この落ち際縁辺部に幅約6mの溝が自然流路を利用した形で形成され、木器を含む遺物が埋土3層（6～8層）中に包含されていた。

6層は夜臼式単純期層で、籾圧痕土器、大陸系磨製石器などを出土した。7層は流木を中心とした木器および植物遺体が堆積しており、明確な木器は片刃石斧を装着するものとみられる木柄の未製品が発見されている。

8層は主に縄文晩期中頃に位置づけられる黒川式期の多数の深鉢、浅鉢が包含されていた。調査区からは、この晩期中頃に比定される遺構は発見できなかったため、遺跡の周囲にこの時期に属する遺構が残存している可能性が充分考えられる。

また、検出当初は水田に係わる流水路との関係を考慮して、プラントオパール分析を宮崎大学に依頼した。その結果、6層および8層において少量のプラントオパールが検出された。分析結果からはこの溝は水田に付随する溝である可能性が低いとしながらも近傍には水田跡が存在することを証左する結果となった。

●最近の発掘から

大型横穴式石室をもつ方墳——岐阜県次郎兵衛塚1号墳

長 瀬 治 義 可児市教育委員会

1 立地と環境

次郎兵衛塚1号墳は，岐阜県可児市川合地内に所在する川合古墳群に含まれる。本群は聞き取りによるものも含め，現在までに32基が確認されている。当地は，木曾川と飛騨川の合流点左岸，低位段丘面にあり，木曾川の渡河と古東山道の沿線，飛騨支路への入口といった交通の要所である。また，この地の利を得て，集落も古墳時代全般を通じて発達した場所であることが，調査により判明している。そして，少なくとも前方後円墳編年10期には，当地へ可児地域の首長権の移動があったことも，狐塚古墳（63m）からうかがえる。

本墳は，この地域最後の前方後円墳造営の後，形を方墳に変えた首長墳と考えられるもので，後続する首長墳は今のところ見当らない。

2 墳 丘

本墳の調査は，土地区画整理事業に伴う事前調査として，1991年7月に開始されたが，初期の段階において調査後の保存が決定し，墳丘の断ち割りなどは最小限に止めることになった。

墳丘は葺石で固められた2段築成の方墳で，一辺29.5mを測る。高さは6.5mが遺存し，築造当初においては約7mの規模を推定する。後半期の方墳においては，坂祝町火塚古墳，垂井町南大塚古墳，古川町大洞平2号墳などとともに，県内最大級のものである。周囲には濠が巡り，一部を除き保存状態も良い。2段に積まれた葺石をはじめ，平坦面の敷石など，外観で目にするものはすべて川原石ばかりであり，異様な白さを印象づけている。

この墳丘の中央には巨大な横穴式石室（主室）が墳頂部直下にまで延び，南南東に開口する。これと平行して，西側には下段の葺石部分に入口をもつ2つ目の横穴式石室（西副室）が，東側には平坦面の小方墳に設けられた小規模な横穴式石室（東副室）が発見された。3カ所に設けたトレンチからは，両副室が後設のものであることが断定できた。また，両副室は主室と主軸方位を共にしており，規則的に増築されていることから，あえて「副」の名で呼んでいる。

3 主 室

主室は全長15.5mを測り，玄室は複室構造を採って

いる。前庭部西側壁の張り出した部分は，西副室構築時に増築されたものであり，これを加味すれば，全長17.4mの県内最大規模の横穴式石室となる。

石室は玄室（前室と後室）と羨道部，前庭部に区分でき，すべて礫床となっている。木曾川中流域両岸においては，川原石積による横穴式石室の集中分布域が5群程度指摘できるが，当川合古墳群や市内土田渡古墳群は，他を圧倒する分布状況である。これらの石室は，概ね隅丸で胴張のプランに造られ，玄室の横断面は樽形をなすものである。この構築技法は，複室構造の多用とともに木曾川中流域低位段丘面にみる特色とも言えよう。

本墳は稀にみる石室の大きさのせいか，8枚から成る天井石と4枚の奥壁には，チャートなどの山石が使われており，明確な隅丸プランは採っていない。後室玄門部には明瞭な楣構造が認められ，前室玄門部においては仕切石が約30cmの段差をもって置かれている。いわゆる竪穴系の系統とみるべきなのかも知れない。このように，本墳はどちらかと言えばローカル色を強調した石室を採用しており，地域の首長層が置かれた立場の一端を垣間見るようである。

また，奥壁に接して1.9×0.8mの範囲には，ひときわ大きく扁平な川原石が18個，レベルを揃えて配されている。その位置と面積，礫床面出土の石棺片とベンガラの存在から，石棺が安置された場所と考えられる。この場合被葬者の頭位は，東北東または西南西ということになろう。

羨道部と前庭部の礫床は，前室玄門部から一段高い分だけ厚く敷かれており，玄室同様最下面にはひときわ大きな石材が密に並べられている。排水溝は検出されなかったが，事実上の水捌けには問題ない。閉塞石は，前庭部一面に比較的良く遺存していた。

副葬品は，後室に多くみられたが，すでに平安期には侵入を受けており，わずか一部とみた方がよい。須恵器8個体，土師器1個体，ガラス製玉類38個，耳環2個（対ではない），鉄鏃などがそのすべてである。須恵器は，猿投編年の東山44号窯期に属すると思われるものを最古とし，その後の追葬も明瞭に示している。

4 西副室

墳丘の下段を一部増築し，後設された西副室は，全長

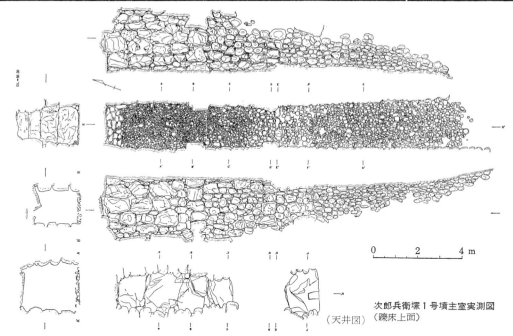

次郎兵衛塚1号墳主室実測図
（礫床上面）
（天井図）

主室計測表（m）　主軸方位は N-20°10′-W

石室全長		玄室長	玄室幅	玄室高	玄門幅	玄門高	羨道長	羨道高	前庭部長	入口幅
15.5 (17.4)	前室	3.4	1.9	2.6	1.4	2.3	4.2	1.3	3.8	2.15
	後室	4.1	2.1	2.6	1.5	1.7				

長さは主軸長，幅は最大あるいは最小（門），高さは主軸上，いずれも礫床面の数値。
方位は真北

7.4mを測る。玄室は単室で，長さ2.9m，最大幅1.1m，天井高1.6m程度である。天井石には大型の川原石を10枚用いるが，壁面の石材は，主室の羨道・前庭部同様，通有の大きさである。床面は礫床で，入口に至るまで丁寧に敷かれている。閉塞石は完全な形で保存されていたが，侵入者は東側壁を抜き取り，玄室内に至っている。

副葬品の遺存は極めて少なく，須恵器坏身2個体と玉類4個がすべてである。須恵器は，美濃須衛編年の那加5号窯期古段階の特徴を備えている。追葬を考える材料は見当らない。

5 東副室

主室の東側の平坦面に増築された，葺石を備える小方墳は，一辺3.8m，墳丘高1.1mを測る。石室は中世墓による攪乱を受けるものの，全長1.7m，玄室幅0.8m，天井高（推）0.6m程度の，極めて小型のものである。礫床面には棺台が配され，棺の外法は長さ100cm，幅50cm，高さ40cm程度が限度とみられる。火葬でない限り小児用であることは疑いない。

石室内遺物は，須恵器12個体，鉄器12個体と割に多い。須恵器は，猿投編年東山50号窯期と美濃須衛編年那加5号窯期古段階のものが混在する。両期は併行する部分もあり，東山50号窯期の新しい部分に埋葬が行なわれたものと考えている。追葬は考えていない。鉄器の中には，手斧などのミニチュア製品があり，小児埋葬を補強する材料である。西副室との前後関係は，須恵器の型式差には表われていない。

東副室の周囲からは，57個体以上の須恵器などが3群にまとまって出土した。出土状況からは大半のものが原位置に近いと考えられ，かつ一括ないし短期間の供献品である疑いが強く，「配されていた」と言った方がよいであろう。時期は，東山50号〜岩崎17号（古）窯期と那加5号窯期古段階のものが混在し，前2者の接点または岩崎17号（古）窯期を考えている。

6 おわりに

前方後円墳消滅後の美濃においては，5つあるいは4つの地域において，20〜30m級の2段方墳の造営が認められる。これは古墳時代末期の美濃における，地域の区割りを示しているものと考えられ，本墳調査の意義は大きい。また，主室への追葬と併わせて，東西の副室を増築している点，その被葬者像を考える好材料となろう。本墳は，1993年7月にその保存整備工事を終え，一般の見学に供されている。

須恵器の編年観には以下の文献を参考にした。

斎藤孝正「古墳時代の猿投窯」『断夫山古墳とその時代』1989など，渡辺博人「美濃須衛窯の須恵器生産」古代文化，Vol.40，1988など

連載講座
縄紋時代史
19. 縄紋人の領域(6)

北海道大学助教授
林　謙作

　前回, 仙台湾沿岸の後・晩期の住民が利用した剝片石器の原料に, 非現地性の主材・現地性の副材という選択がはたらいていることを指摘した。今回は, ほかの種類の石器では, 現地性・非現地性の原料をどのように使い分けているのか, 検討してみることにしよう。

1. 石器の原料——種別と分業

　さきに縄紋人が, 石器の機能によって, 原料を使い分けていることを指摘した[1]。新井重三[2]・柴田徹[3]・山本薫[4]などもおなじ主旨の指摘をしている。

　新井は, 安山岩・流紋岩などのような火山岩が石皿・凹石・磨石などに利用されていること, 粘板岩は石鏃・磨製石斧・打製石斧などに利用されていることを指摘し, 前者の場合には, 熱につよく表面が適当にザラザラしていること, 後者の場合には, 珪質・変質・緑色など, きわめて硬度がたかく強靱なものをふくんでいることをその理由としている[5]。これは, 柴田や山本の指摘とも共通する。しかし残念ながら, 石器の種別に生産用・生活用などという無意味な区別をとり入れたために, 石材の使い分けの傾向がはっきりと浮かび上がってこない結果になっている。

　柴田は, はじめ子和清水(こわしみず)・下戸(げす)・加曽利・多摩ニュータウンNo.3の4遺跡から出土した打製石斧・磨製石斧・磨石・叩石・凹石・石皿などの原料を検討し, 打製石斧の原料には砂岩とホルンフェルスまたは頁岩, 磨製石斧には輝緑岩(きりょくがん)などの超塩基性岩(ちょうえんきせいがん), 磨石・叩石・凹石・石皿などには砂岩・安山岩・玄武岩(げんぶがん)などを利用していることを指摘し, 縄紋人が, 硬さ・緻密さ・均質さ・粘りなどの物理的な性質(物性)をみわけたうえで,

石材を選択していることを指摘した[6]。つづいて, 千葉・埼玉・東京の遺跡に対象をひろげ, 「各器種に使用されている石材の岩石種は, 地域間でかなりの違いが見られるが, 岩石の持つ物性に目を向けたとき, 地域間の違いはほとんどなくなり, 共通性が目についてくる」[7]ことを指摘した。たとえば, 磨製石斧の材料となる超塩基性岩・結晶片岩・斑糲岩(はんれいがん)・閃緑岩(せんりょくがん)などは, 丈夫でかなり硬く, 均質でしかも粘りがあることが共通し, 石皿や磨石に利用している石英斑岩(せきえいはん)・安山岩などは, ある程度表面が丈夫で均質な, しかも表面のザラザラしていることが共通の特徴となる[8]。

　山本は, 本州東北部の縄紋中期の32遺跡の石器の器種ごとの石材組成, 重量と厚さによる石材の使い分け(表1〜表3)を検討し,

　a 石鏃・石錐・尖頭器など, 小形(重さ20g・厚さ1.0cm未満)の, 山本が第一類型とよぶ石器の原料の種類はきわめてかぎられており, 黒曜石と頁岩に集中するが, 珪酸鉱物もかなり利用されている。

　b 叩石・磨石/凹石・石皿など大形(重さ400g・厚さ3.0cm以上)の石器(第二類型)の原料も種類はかぎられる。ただし安山岩・砂岩の比率が高く, 第一類型とおなじ黒曜石・頁岩・珪酸鉱物などの石材は利用しない。

　c 打製石斧・磨製石斧などの中形(厚さ1.0cm以上3.0cm未満)の石器(第三類型)には, 砂岩・頁岩・粘板岩・片岩などを利用しており, さきの二種類の石器よりも選択の幅が広い。

ことをあきらかにした[9]。

　山本は, 小形石器の素材(珪質頁岩・硬質頁岩・黒曜石・珪酸鉱物)は, 緻密・硬質・ガラス質・均

93

質で，縁のするどい剝片をとりやすいという性質が共通しており，大形石器の素材（砂岩・安山岩・花崗岩）は，いずれも加工がしやすく，砂岩・安山岩などは表面が粗いという特徴が共通し[10]，砂岩・安山岩は本州の東北部でとれる火山岩・堆積岩のうちでもっとも広い範囲に分布している[11]ことを指摘している。

新井や柴田，そして山本の意見をつぎのようにまとめることもできよう。石鏃をはじめとする剝片石器では，非現地性の石材が主流となる。一方，石皿・磨石をはじめとする大形の礫を素材とする石器（＝大形礫石器）では，現地性の石材が主流となる。

ところで剝片石器のなかには，石錐や石匙のように女性もつかった可能性のある器種も含まれているが，石鏃・石槍（尖頭器）などの狩猟用具のおもな使人は，男性にちがいない。一方，磨石（凹石）と石皿は，いわばすり臼の上石と下石で，植物性食料の処理がおもな用途だろう。とすれば，大形礫石器のおもな使人は女性だ，と推測することができよう。

このような推測が成り立つとすると，剝片石器の主な石材が非現地性のもので，大形礫石器の石材が現地性のものだ，ということにも特別な意味をもってくる。女性が育児や日常の家事労働をうけもっているかぎり，彼女たちは集落から離れることはまれで，その住みかから日帰りのできる範囲で行動していた可能性が高い。とすれば，非現地性物資を手に入れるのは，男性の受け持つ仕事になる。このような仕事の分担（生理的分業）は，理屈のうえで考えられるだけでなく，民族例をあげればキリがないほど目につく。

現地性・非現地性という区別，そしてそれらの物資を手に入れるうえでの男女の役割分担。このような問題を考えにいれてみると，どのような石材を，どこから・どのようにして手に入れるか，そこにも男女の役割の違いを読みとることができるのではなかろうか。

2.　石材の選択と採取・流通の範囲

さきに，仙台湾沿岸の後・晩期の遺跡では，剝片石器（山本の第一類型）の原料には，非現地性のものの比率がきわめて高いことを指摘した[12]。柴田の調査結果でも，黒曜石・チャートの石鏃は全体の八〜九割を占めている（図1）[13]。すくなくと

も千葉・埼玉・東京の遺跡から出土している石鏃には，非現地性の石材の比率がきわめて高い，と解釈してよいだろう。山本が本州東北部の中期の資料を調査した結果でも，剝片石器の石材は頁岩・黒曜石が圧倒的に多いことはここで紹介した（表1〜3）。これらの結果から見れば，本州東北部では，剝片石器の石材を遠隔地から供給をうけている地域がかなり多かったにちがいない。したがって，剝片石器の原料を確保するのは，男性の役割だった，と推定できよう。

ところが大形礫石器では，剝片石器類とは対照的に，現地性の石材が主流となっている。また，磨製石斧と打製石斧は，利用する石材の性質は似てはいるが，製品または原料の供給・流通の仕方がおなじとは考えられない。ここで，これらの石器——またはその石材の供給・流通の範囲をあらためて検討してみることにしよう。

2-1.　大形礫石器の石材——生理的分業

山本が本州東北部の縄紋中期の資料を検討したところでは，大形礫石器に安山岩・砂岩を利用する場合がきわめて多い。私が検討した仙台湾沿岸の後・晩期の遺跡でも，おなじ傾向を指摘できる。宮城・田柄もその一例で，磨石・凹石では，砂岩・凝灰質砂岩（40％強）と安山岩〜玢岩（19％強），石皿・砥石では砂岩・凝灰質砂岩・砂質凝灰岩（64％弱）と安山岩〜玢岩（14％弱）が代表的な石材である[14]。

蟹沢聡史によれば，砂岩類は古生代（ペルム紀）〜中生代（三畳紀・ジュラ紀）の地層，安山岩〜玢岩は中生代白亜紀に噴出した新月（鼎ヶ浦）層が給源となっている[15]。田柄貝塚の前を流れている大川の水源は，これらの地層が形成した山地にあり，おなじような岩質の丘陵地のあいだを流れている。したがって，大川の川床をふくめて，遺跡のまわりの更新世・完新世の堆積物は，これらの岩石を含んでいる（図2）。つまり田柄では，大形礫石器の石材の供給源は至近距離にあり，すくなくとも女性が石材の採集をすることは困難ではない。田柄では，男性が剝片石器の原料を，女性が大形礫石器の原料を確保する，という役割分担が成り立っていた，と推定することができるだろう。

本州の東北部には安山岩が広く分布している。砂岩は大形礫石器のいま一つの主要な原料だが，これもいたるところに分布している。したがっ

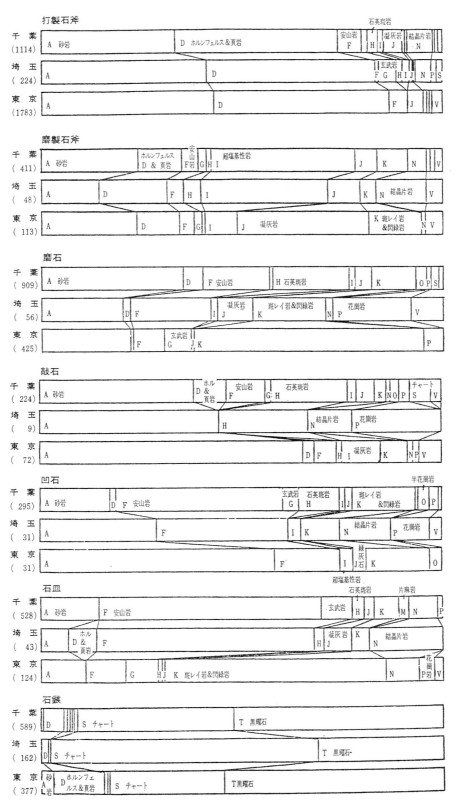

図 1 南関東の石器の石材（註4）による

表 1　器種別の石材の利用頻度（註5）　表4を一部改変

石材＼器種（資料数）	花崗岩	閃緑岩	斑珃岩	輝緑岩	玄武岩	流紋岩	斑紋岩	安山岩	角閃岩	黒曜石	珪酸鉱物	礫岩	砂岩	泥岩	頁岩	粘板岩	凝灰岩	珪質岩	石灰岩	片麻岩	片岩	ホルンフェルス	蛇紋岩
石　鏃（917）	−			−	＋		＋	＋		●	○		−	＋	○	＋	＋	＋			−		
石　錐（132）					＋		＋	＋		●	＋		＋	●	＋	＋	＋				＋		
尖頭器（30）					＋			○		＋	−	−	＋	＋	●		＋				＋		
打製石斧（2554）	−	−			＋			○			−	−	◎	＋	○	○	−	○		−	＋		−
磨製石斧（463）	−	＋	−	＋	＋	＋	＋	○		−		−	○	＋	＋	−	○			＋	−	＋	−
叩　石（396）	○	−	−	−	＋	＋		◎			＋	＋	＋	＋	＋	＋				＋	−	−	＋
磨　石（1912）	＋	＋	−	−				●		−	−	＋	○			−	○	＋			＋	−	−
石　皿（364）	＋	＋	−		＋	＋		●			＋	○				＋				＋	−		

表 2　重量別の石材の利用頻度（註5）　表5を一部改変

石材＼重さ（資料数）	花崗岩	閃緑岩	斑珃岩	輝緑岩	玄武岩	流紋岩	斑紋岩	安山岩	黒曜石	珪酸鉱物	礫岩	砂岩	泥岩	頁岩	粘板岩	凝灰岩	珪質岩	石灰岩	片麻岩	片岩	ホルンフェルス	蛇紋岩
～　10g（473）						＋		＋	●	○		−	＋	●	＋	＋	＋			−	−	
10～20g（14）								＋	＋			＋	＋	●	◎	＋	＋			＋	−	
20～30g（23）						＋			＋			＋	●	◎	＋	＋				○		
30～40g（37）					＋			＋			○	○	○	◎	＋				＋	○		
40～50g（57）								＋			○	○	○	＋	＋			○		＋	○	
50～60g（66）						＋		＋			○	○	＋	＋	＋			○		＋	○	
60～70g（102）	＋			＋	＋			＋			○	○	○	＋	＋			○		○	＋	＋
70～80g（89）	＋				＋	＋		＋	＋		◎	○	○	＋	＋			＋		○	＋	
80～90g（78）				＋	＋			＋			◎	○	＋	＋	＋			●		＋	＋	
90～100g（77）								＋			◎	○	＋	＋	＋			○		○	＋	
100～200g（422）	−	−	−		＋			○			−	−	◎	＋	＋	＋	−	○		○	−	−
200～300g（177）	＋	＋			＋			●	−	−	＋	◎	＋	＋	＋	＋	＋	−	＋	○		＋
300～400g（165）	＋	＋		＋	＋		−	●	＋		＋	◎		＋	＋		＋	＋	−	＋	−	
400～500g（177）	＋	＋		＋	−			◎	−			○	＋		＋		＋	＋		＋		
500～600g（155）	○	＋						●	−			○	＋		−		＋	＋		＋		−
600～700g（127）	＋	＋	−		−	＋		●				＋	◎				＋			＋		−
700～800g（86）	○	＋			＋			●				◎	＋				＋	＋		＋		
800～900g（59）	○	＋						●				○	＋				＋			＋		＋
900～1000g（43）	◎	＋			＋			●				○					＋			＋		
1000～2000g（94）	○	＋			＋			●				◎					＋			＋		
2000～　g（37）	＋	＋	＋		＋			●				◎					＋			○		

表 3　厚さ別の石材の利用頻度（註5）　表6を一部改変

石材＼厚さ（資料数）	花崗岩	閃緑岩	斑珃岩	輝緑岩	玄武岩	流紋岩	斑紋岩	安山岩	黒曜石	珪酸鉱物	礫岩	砂岩	泥岩	頁岩	粘板岩	凝灰岩	珪質岩	石灰岩	片麻岩	片岩	ホルンフェルス	蛇紋岩
～0.5cm（321）					−	＋		＋	●	○		−	◎	＋	−	＋				−		
0.5～1.0cm（438）	−				−	＋		＋	◎	○		＋	○	＋	＋	＋				＋	−	−
1.0～1.5cm（453）	−				＋	＋		−	○			○	◎	＋	＋	＋				◎	＋	−
1.5～2.0cm（538）						−		＋				◎	○	＋	＋	＋				○	＋	＋
2.0～2.5cm（351）			−		−			＋	●			◎	○	＋	＋	＋				○	＋	＋
2.5～3.0cm（217）								○				＋	○	＋	＋	＋				○	＋	
3.0～3.5cm（165）	＋							◎				＋	○	＋		＋				＋	＋	
3.5～4.0cm（185）	＋	＋		＋				●				＋	○	−		＋				＋	＋	
4.0～4.5cm（184）	＋	＋		−				●				＋	○	−	−	＋				＋	−	＋
4.5～5.0cm（182）	＋	＋		−				●				＋	○			＋				＋	−	
5.5～　cm（515）	○	＋	−		＋	＋		●				＋	○			＋				＋	−	−

（−　～1％，　＋1～10％，　○10～20％，　◎20～30％，　●30％～）

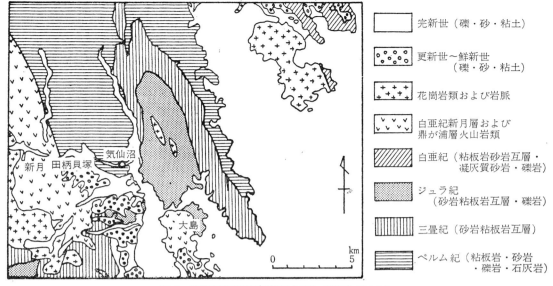

図 2 田柄貝塚周辺の地質のあらまし（註14）による

て，本州東北部の各地では，女性たちが自分でつかう磨石・凹石などの原料を，手近なところで採集することはできたわけで，田柄で推測したような，石器原料を確保するうえでの男女の分業が，各地でなりたっていた可能性がある。

関東・中部地方の遺跡で多量に出土する打製石斧も，このような目で見直しをしてみる必要があるだろう。打製石斧の原料も，砂岩・安山岩など，現地性の石材の比率がたかい。確実な根拠のない想像にすぎないが，打製石斧が鱗茎・根茎など植物性食料の採集に利用されていた可能性はきわめて高い。ということを考えにいれれば，原料の採集は女性の分担で，製作にも女性がかかわっていたかも知れない。

ただし，本州東北部のすべての地域で，このような条件が成り立っていた，というわけにはゆかないだろう。千葉・加曽利貝塚から出土している大形礫石器の石材は，そのひとつの証拠となる。加曽利貝塚から出土している大形礫石器の石材は，安山岩・硬砂岩・砂岩・石英斑岩などの比率がたかく，アプライト・石英閃緑岩・閃緑岩・流紋岩なども比較的おおい。また石皿には，緑泥片岩製のものも目立つ[16]。

このうち，千葉県内に分布しているものは砂岩だけで，安山・石英斑岩・石英閃緑岩・閃緑岩・流紋岩などは群馬・栃木にまたがる足尾山塊，硬砂岩・緑泥片岩は埼玉・東京・神奈川にまたがる関東山地，アプライトは筑波山の北斜面が原産地と推定されている[17]。加曽利貝塚の住民は，砂岩は加曽利貝塚の南を流れている養老川流域で入手できたが，足尾山塊や関東山地に原産地のある石材は，本荒川あるいは古利根川の河口に集積した礫を利用していたのだろう，というのが新井重三の意見である[18]。

とすれば，加曽利貝塚の住民は，日常生活に必要な大形礫石器の素材を確保するにも，すくなくとも 20 km はなれた荒川・利根川の河口まで足をはこぶか，その地域の住民と贈与・交換をおこなえる関係をむすんでおく必要があったことになる。女性が大形礫石器の原料のうち，砂岩などを調達していたとしても，ほかの地域にくらべれば，かぎられたもので，剝片石器ばかりでなく，大形礫石器の原料を確保するうえでも，男性のはたす役割が大きかったにちがいない。これは，加曽利貝塚にかぎらず，常総台地の集落に共通しているはずである。

磨石・石皿など，大形礫石器の素材とその原産地をてみじかに検討してみた。その結果，本州東北部の多くの地域では，手近なところで手に入れることができる可能性が高いと判断できる。そのような地域では，女性が日常の家事のあいま，あるいは家事のひとつとして，適当な素材を採集することもできたはずである。そこでは，遠征隊を派遣したり，贈与／交易によって確保しなければならぬ非現地性のもの（＝剝片石器の素材）は男性が，集落で日常生活を送りながら確保できる現地

97

性のもの（＝大形礫石器の素材）は女性が受け持つという分業が成り立っていた可能性が高い。いうまでもなく，このような分業が本州東北部の隅々まで，くまなくおこなわれていたわけではない。加曽利貝塚をはじめとする常総台地のような例は，ほかの地域でも見られるはずである。

消費量からみれば，非現地性のものよりは現地性のものがはるかに多かったに違いない。したがって，一年のうちのかぎられた期間に交流の機会があれば，必要な石器素材をすべて確保することができただろう。ただし加曽利貝塚のように，手近なところで確保できる原料がとぼしく，遠征・贈与・交換などの手段によらねば，必要な石器の素材を確保できなかった地域もあったことも無視できない。このような地域では，頻繁に交流をおこなうか，規模を拡大する必要があっただろう。

2-2. 磨製石斧の石材と流通——社会的分業

磨製石斧の石材にも，剝片石器とおなじく，非現地性の物資がめだつ。たとえば，新井重三によれば，加曽利貝塚出土の磨製石斧 121 点のうち，千葉県内に原産地のある砂岩製のものは12点だけで，輝緑岩（21点）・硬砂岩（19点）・粘板岩（16点）など，「千葉県外に原産地および採取地を求めざるを得ない石材が多い」[19]。この指摘にしたがえば，磨製石斧は，剝片石器とおなじく，非現地性の原料をもちいており，原料の確保・製品の利用に男性がかかわっていた，と考えることもできよう。ただし，両者のあいだには，無視できない違いがある。

剝片石器の場合には，石材は素材のかたちで原産地から消費地に運ばれているらしい。土坑や住居址の床面から非現地性の大形剝片がまとまって出ることがある。同じ母材から剝ぎ取ったものが多い。田柄貝塚では剝片・砕片が多量に出ているが，石核は 1 点にすぎない。笠原信男・茂木好光は，原産地から運ばれた大形剝片を素材に利用していたものと推測している[20]。中期後葉から後期前葉には，脊梁山脈の西側の最上川中流域のいくつかの遺跡では，珪質頁岩，硬質頁岩の縦長剝片とともに，それを剝ぎ取った石核も分布している。ところが，宮城県内には，縦長剝片は分布しているが，石核はみあたらない。佐藤広史・赤沢靖章は，縦長剝片は原産地から消費地に供給された石器素材だと考えている[21]。

このような例を考えに入れれば，仙台湾沿岸の住民は，硬質頁岩・珪質頁岩など，非現地性の剝片石器の素材を，原産地から供給されていたことはほぼ確実だろう。しかし，田柄・中沢目・里浜などで剝片や砕片が多量に出ていることからもわかるように，素材から製品への加工は消費地でおこなわれている。剝片石器の場合には，石材の原産地から消費地へ製品が供給されることは，皆無とはいえないにしても，目につかぬ程度だったのだろう。

ところが，宮城県内では磨製石斧の未製品・半製品はきわめてすくない。宮城県にかぎらず，日本列島全体をみわたしても，磨製石斧の未製品・半製品がでている遺跡はかぎられるだろう。すくなくとも，完成品・破損品しかでていない遺跡が，未製品・半製品のでている遺跡よりも多いことは間違いない。

富山や新潟などでは磨製石斧の未製品・半製品のでる遺跡が目立つ。この地域は，磨製石斧の主要な素材となる蛇紋岩・硬砂岩・安山岩の分布範囲にある。宮城県内の数少ない未製品・半製品は白石盆地に集中している。この地域にも，東北・北海道で磨製石斧の素材として利用されている緑色凝灰岩が分布している。田柄の磨製石斧のなかにも，製作途中の破損品がある[22]。ここでは磨製石斧にも現地性の原料をもちいており，頁岩ないし粘板岩が50％，砂質凝灰岩が31％強をしめている[23]。

田柄から出土した磨製石斧は 121 点。仙台湾沿岸としては，きわめて多い量である。しかし，これをはるかに上回る量の磨製石斧がでている遺跡もある。たとえば富山・境A。ここででている磨製石斧は，完成品157点，破損品874点，未成品は35,182点にのぼる。石材は，圧倒的に蛇紋岩が多く，93％強をしめ，このほかには砂岩・安山岩・粘板岩などがわずかに見られる。いずれも現地性の石材である[24]。

磨製石斧の半製品・未製品がでている遺跡，完成品・破損品しかでていない遺跡の分布は，まだ正確にはわからない。しかし蛇紋岩・斑珕岩・閃緑岩・硬砂岩・粘板岩など，緻密で重量のある岩石の分布する地域はかぎられている。磨製石斧はこのような地域のうちの限られた場所で生産され[25]，製品として流通していたと推測できるのではなかろうか。磨製石斧は縄紋時代の社会的分業のシンボルだ，と考えるのは無謀だろうか。

この推測の裏付けとなる事実がまったくないわけではない。堀株1・堀株2は，積丹半島の南端にあり，泊原子力発電所の建設にともなって調査された。時期は後期前葉〜中葉。合地信生は，磨製石斧16点の材質を分析した[26]。そのうち7点が青色片岩と判定された。これらは，色調が青黒く石英をあまり含んでいない。また，ナトリウム角閃石とともに薄緑色で岩石の基質となっているパンペリー石を含んでおり，つよい変成作用をうけていて変成をうけずに残った鉱物は少なく，大部分が方解石に変質している。

合地は，これらの特徴は飛騨外縁帯の変成岩に特有のものであり，堀株の青色片岩製の石斧の原産地は，福井県東南部・九頭竜川上流にあると推定している。これより先に，渡辺暉雄も，積丹半島東南部のフゴッペ貝塚（前期中葉）の磨製石斧のなかには，旭川市近郊の神居古潭変成帯の片岩をもちいたものがあることを指摘している[27]。非現地性の原料をもちいた磨製石斧が，かなり広い範囲に流通していたことは否定できないだろう。堀株やフゴッペから出土している剥片のなかに，飛騨外縁帯や神居古潭変成帯に特有な岩石に由来するものがないのかどうか，あきらかではない。この点が確認できれば，いま私が指摘している仮説は，さらに現実的なものになるだろう。

石器原料の供給圏の問題は，これまでの「交易論」のなかでも取り上げられてきた。しかし，主な議論は原産地のありかに集中し，消費地での状態はほとんど問題にされなかった。この点に注目してみれば，剥片石器と磨製石斧について指摘したような問題も浮び上がってくるし，そこから縄紋時代の社会的分業を実証的に検討する途もひらけてくるだろう。

註

1) 林「縄紋時代史」15：93-94（『季刊考古学』41：89-96，雄山閣出版，1992）

2) 新井重三・庄司　克・後藤和民『縄文時代の石器―その石材の交流に関する研究』pp. 68-75，92-95（加曽利貝塚博物館，1983）

3) 柴田「縄紋時代中〜後期における石器の器種と石材の岩石種の間にみられる関係について」（『東京都立上野高等学校紀要』13：40-48，1984）「縄文時代における石器の器種と岩石種の間にみられる関係（II）」（同前・14：29-35，1985）「関東南部におけ

る縄文時代の石材圏について の 考察」（同前・16：76-88，1987）

4) 山本「縄文時代の石器に使われた岩石および鉱物について―石器製作における石材の選択とその背景」（『地学雑誌』98：911-933，1989）

5) 新井「加曽利貝塚より出土した石器用石材について」p. 65（同上・43-67）

6) 柴田「縄紋時代中〜後期における石器の器種と石材の岩石種の間にみられる関係について」pp. 40-44，45-48

7) 柴田「縄文時代における石器の器種と岩石種の間にみられる関係（II）」p. 32

8) 同上・pp. 30-31

9) 山本，前出・pp. 917-20

10) 同上・920-22

11) 同上・p. 929

12) 林「縄紋時代史」18：100-01

13) 柴田「縄文時代における石器の器種と岩石種の間にみられる関係（II）」pp. 31-32

14) 蟹沢聡史「田柄貝塚から出土した石器類の材質について」p. 318（『田柄貝塚』2：309-320）

15) 同上・p. 317

16) 新井・後藤・庄司『縄紋時代の石器』pp. 102-13

17) 新井「加曽利貝塚より出土した石器用石材について」（同上：43-62）「加曽利貝塚出土石器用石材の原産地」（同上：96-98）

18) 新井「石器の採取と流入経路」（同上：99-102）

19) 新井「加曽利貝塚より出土した磨製石斧の岩質的特徴」（同上：94-95）

20) 笠原・茂木「石器」p. 304（『田柄貝塚』2：37-306）

21) 佐藤・赤沢「大梁川遺跡を指標とする石器群の分布圏について」pp. 491-92（『宮城県文化財調査報告書』126：490-496，1988）

22) 『田柄貝塚』2：第187図7，第189図5，10，14など。なお，打製石斧とされているもののなかにも，磨製石斧の未製品らしいものがある（第169図2，第176図3，第180図3など）

23) 蟹沢，前出・p. 318

24) 山本正敏「境A遺跡―石器編1」pp. 25-31（『北陸自動車道遺跡調査報告　朝日町編5』富山県埋蔵文化財センター，1990）

25) 珪質頁岩・硬質頁岩の縦長剥片を剥ぎとる石核は，最上川中流域のすべての遺跡で多量に出土するわけではなく，二〜三ヵ所の限られた遺跡に集中しているという事実（註22）を考えに入れるべきだろう。

26) 合地信生「堀株1・2遺跡出土の石斧の岩石学的分析と産地について」（『堀株1・2遺跡』698-704，北海道文化財研究所，1992）

27) 渡辺暉夫「フゴッペ貝塚出土石器石材の岩石鑑定」（千葉英一・長沼　孝『余市町フゴッペ貝塚』563-68，北海道埋蔵文化財センター，1991）

書評

杉山信三・小笠原好彦 編
高句麗の都城遺跡と古墳
日本都城制の源流を探る

同朋舎出版
B5判 178頁
3,500円 1992年8月刊

　高句麗の王都は，3世紀初に集安（国内城）に移り，427年に平壌に移った。平壌とは，現在の市街中心部ではなく，その東北数kmの大城山城一帯で，中心部に移るのは586年であった。ともに平壌城とよび，後者は長安城ともよぶ。3世紀初までの都は卒本とよばれ，中国遼寧省桓仁説が有力であるが，確認された3世紀以前の遺跡はほとんどない。このように高句麗はみたび遷都し，王都の故地として集安・平壌，および不確かながら桓仁などが知られる。中国吉林省の集安は朝鮮民主主義人民共和国（北朝鮮）との国境をなす鴨緑江中流域にあり，1984年まで外国人に開放されていなかった。また平壌は国交のない北朝鮮の首都で，80年ころまで一般の研究者は容易に訪問できなかった。両地を研究者が訪れるようになったのは，実に近年のことなのである。桓仁もようやく最近，訪れる研究者が出てきたところである。
　さて本書は，日本の都城制を研究テーマとするグループが，集安と平壌，および高麗の都のあった開城などを，88年と90年に訪れた報告・記録である。メンバーの大半は，「日本都城制の源流を探る」ことを目的に中国の都城遺跡を探訪し，その報告をまとめてきた。本書はそのシリーズという意味では4冊目にあたるが，はじめて中国以外の地におよんだことになる。両地の訪問記や遺跡の詳細を紹介したものはあるが，両地をあわせて現地踏査し，高句麗の都城制の発展を追究しようとしたところが新しい。
　構成は，Ⅰ高句麗の都城遺跡，Ⅱ高句麗の古墳，Ⅲ高句麗・高麗の建築，Ⅳ人と風土，の4章にわかれ，中国・北朝鮮の論文の翻訳を付篇とする。はじめ2章が高句麗王都を総体的にとらえようとした試みである。高句麗を専門としない諸氏によるだけに，高句麗都城について知らない人たちと知識を共有しようという努力が感じられる。何よりもそれぞれの専攻の立場からの新たな発想が期待できる。日本の都城制や古墳に関心のある人には，よい入門書になろう。ただし研究の現状を把握して伝えるところまでは望めず，また誤解ではないかと思える点もある。臨場感あふれる説明に誘い込まれるところもあるが，思い付きも述べられ，それを十分に展開できていないものも多い。
　中心は何よりⅠであり，詳細な叙述となっている。「概観」「丸都山城と……」は，東アジアの都城の規模・形態を比較し，大城山城と長安城を合わせれば百済の扶餘羅城全体の面積とほぼ同じになることに意味があるとする。また大城山城が長安城とセットをなしていた時代があったとするが，どの時期に想定するのであろうか。不整形で南北軸を意識しない長安城のいっぽうで，国内城や安鶴宮のようなほぼ正方形で南北軸を意識した都城も存在し，また高爾山城と長寿山城の南麓に正方形プランの可能性が高い都市遺跡がある，とした上で，中国的→朝鮮独自→中国的，というプランの変遷を想定する。しかし国内城は漢代の県城（中国では西蓋馬県説）をのちに高句麗が再利用したもので，安鶴宮址は高句麗のものでない可能性がある。プランの変遷を考える上で，有効であろうか。また高爾山城南麓の都市遺跡はよくわからないが，長寿山城南麓は，551年にソウルの漢城が奪取されたのち，高句麗が漢城を置いた地であり，年代を早くに想定するのは疑問である。これらは高句麗都城制の発展に対する理解において重要な論点で，詳論をのぞみたい。なお山城についての整理は，誤解もみられ，また観光案内を引用するのは安易にすぎる。「文献からみた高句麗都城」は，文献を正しく理解できていない。「平壌城」は，大城山城の南側に2種の方格地割を想定し，条坊制の施行を示唆する点が重要である。ちょうど北朝鮮で安鶴宮址付近の里坊を想定する論文があらわれ，道路址も一・二発見された。今後の大きな課題であるが，安鶴宮の時期の問題とあわせて検討すべきである。「安鶴宮」は平面計画を考察する。「高麗の都城遺跡」は高句麗とは無関係であるが，歴史から構造までよくまとめられている。
　Ⅱ以下，見学遺跡の概略を述べたもののほか，論考として「高松塚古墳四神……」は，四神を墓室の中に描くのは高句麗の影響とみるべきではないかとし，「徳興里古墳の……」は，前室と玄室の壁面の質量の違いを，別々の画工集団が担当したためとする。「高句麗の建築」は，杉山信三氏の回顧談をまじえた考察で，とくに安鶴宮址は，高麗仁宗朝の大花宮址ではないかとする。「集安付近の高床倉庫」は，現代の高床倉庫についての報告。「オンドルについて」は東アジアのオンドル遺構を集成し，高句麗における上層階層の利用を想定する。
　執筆者が多く，考えが異なるのはとうぜんであるが，総体的，有機的にとらえようとすれば，執筆者をしぼるか，相互の議論がもっとなされるべきではなかったか。それは読者に課された宿題として，導入の役割は十分はたしたと評したい。（田中俊明）

書評

川崎市市民ミュージアム編
古代東国と木簡
雄山閣出版
A5判 240頁
3,500円 1993年4月刊

　1990年10・11月，川崎市市民ミュージアムにおいて，全国各地の主要な木簡が一堂に展示される画期的な企画展「木簡―古代からのメッセージ―」が開かれた。この会期中，木簡学会公開研究会が催され，木簡研究の最新成果が示された。本書はその記録を中心に，〈総説〉・〈フォーラム古代東国と木簡〉の二部で構成されている。

　〈総説〉の4本の論考は，企画展示会の図録からの転載である。平野邦雄「古代の木簡」は，紙とは異なる木簡の特性を荷札・付札，物品の請求・進上・出納札，召文札，歴名簡，考選木簡などの実例をあげて示し，紙と共通する具注暦，書簡，習書もとりあげ，紙と木簡の使い分けの問題への視点を提起する。鬼頭清明「都城出土の木簡が語る古代の東国」は，地方の役夫に関する木簡を検討し，役夫の国単位での管理という具体相を導く。また，荷札木簡の具体例として伊豆国からの堅魚進上木簡を分析し，貢進の実態とともに，前史としての伊豆半島地域と大和政権との結びつきの特徴をも示す。都城出土の木簡が，地域の歴史像構築にいかに多大な情報を与えてくれるかが理解できる。平川南「地方の木簡」は，地方官衙出土の木簡を官衙別に概観するとともに，記載様式，形状，記載内容についてその特徴的な点を整理し，地方出土木簡研究の留意点と課題を提出する。地方で出土するわずかな点数の木簡について，現段階で最大限の解釈の可能性を求めることの重要性の指摘をはじめ，地方における木簡研究の指針となる論考である。石井進「中世の木簡」は，鎌倉，一乗谷，草戸千軒町から発掘された木簡を概観し，それぞれ中世前期と後期の政治都市，地方的小都市の性格を読み取っていく。木簡が単に古代史に限らず，中世史においても極めて重要な資料であることが理解できる。〈総説〉の4本は，現在までの木簡研究の成果と課題を端的に示している。木簡研究への恰好の入門論文であるとともに，今後の木簡研究の一つの指針となるものということができよう。

　後半は，研究会の記録として，7本の基調報告と質疑討論の様子が収められている。基調報告は鈴木靖民「相模の木簡」，加藤友康「下野国府の木簡」，宮瀧交二「行田市小敷田遺跡出土の木簡」，佐藤信「宮都出土の安房の木簡」，前沢和之「上野国分寺の文字瓦」，平川南「東国出土の漆紙・漆紙文書」，竹花宏之「多摩ニュータウン No. 107 遺跡の文字資料」の7本である。

　鈴木報告は，神奈川県の下曾我遺跡，宮久保遺跡，御成小学校遺跡，居村遺跡から出土した計9点の木簡を検討する。とくに下曾我遺跡出土木簡の追求は，木簡研究史において貴重である。加藤報告は，時期が限定され，しかも数量の多い下野国府跡出土木簡の分析から，国衙の財政，機構，年次暦の具体相に迫っている。宮瀧報告は，報告書作成中の小敷田遺跡出土の木簡を紹介し，その内容の検討を行なう。後には「小敷田遺跡出土の木簡について」が報告書から転載されており，検討の深化をみてとれる。佐藤報告は，宮都で出土した安房国関係の木簡を詳細に検討し，調庸布墨書や氏族伝承などの分析と合わせ，安房国が御食都国であることを明らかにする。前沢報告は上野国分寺出土の文字瓦を分類，整理し，その分析から，国分寺創建期と修造期の地域の活動の様相を導き出す。平川報告は，武蔵台遺跡，下神遺跡，秋田城跡出土の特徴的な漆紙文書を取り上げ，その解読の方法論を提示する。竹花報告は，木簡・墨書土器・焼印をもつ木皿など豊富な文字資料を出土した武蔵の集落の事例を示す。討論では，各報告の補足が行なわれるとともに，出土文字資料の理解の仕方，研究の方法論へも議論が及んでいる。

　個々の報告は木簡をはじめとする出土文字資料研究の最先端を示しているが，時間などの制約のためか，やや物足りなさを感じる。個々の詳細な論考を期待したい。各報告記録にはレジュメが付けられ，読者の便宜を図っている。ただ，文献資料に関しては，出典を記すだけのものが多い。工夫をして本文も所載して欲しかった。文献の研究者には，いずれも手近な資料であるが，考古学研究者，一般読者には該当資料をすぐに入手するのが困難だからである。また，本書では，考古学からの木簡へのアプローチという点が希薄であると感じる。木簡とその出土遺構との関係，木簡からの遺構理解，遺物としての木簡の分析などの視角からの報告があっても良かったのではないだろうか。しかし，本書により，わずかな木簡から多大な情報を導くことができることを改めて強く認識することができる。東国の木簡にスポットを当て，漆紙文書や文字瓦など他の出土文字資料をも合わせて，様々な角度から検討して，古代の東国像へ迫ろうとする本書は，木簡研究の最前線を示すと同時に，地方出土木簡の研究へ一つの方法論を提示する画期的なものといえよう。（平野卓治）

書評

申 鉉東 編著

朝鮮原始古代住居址と日本への影響

雄山閣出版
A5判 376頁
5,800円 1993年7月刊

　朝鮮半島における原始・古代住居址についての日本語による包括的な研究書はこれまでなかった。本書ははじめて朝鮮民族の原始・古代住居址に関する研究書を日本語で紹介し，論ずることによって，古来からの朝鮮民族の生活とその生活過程を映しだす住居址の形姿をしめした研究書である。

　また，本書をして際だたせているのは南北朝鮮の専門研究者の研究成果を紹介し，朝鮮半島における原始・古代住居址の全容を明らかにするうえで南北の研究交流と討論が必須であることを強く示唆していることである。朝鮮解放からほぼ半世紀，南北が分裂したまま，他の諸科学と同様に原始・古代住居址の研究も進められてきた。その行程を研究史的に要約すれば，1950〜60年代にあっては北の発掘と研究が大きく先行し，70〜80年代にあっては南における発掘と研究が急速に発展するという特色をしめしている。

　最近，10年間の南北それぞれの発掘と研究は本書の第三部「北朝鮮における発掘と研究」と「南朝鮮における発掘と研究」がしめしているように，朝鮮半島における住居の始源と伝播，地域的特性と共通性をより鮮明に俯瞰させている。この成果によって本書の第四部の「休岩里・松菊里型住居址の発生と展開」がのべているように，朝鮮から日本への伝播と影響の問題を具体的に提示することが可能になったのである。

　本書の第一部「原始住居址に関する研究」は，原始・古代についての代表的な北の研究者である金勇男・金用玗・黄基徳氏によって執筆されたのであるが，解放から1970年代前半頃まで判明された原始住居址とその構造の変遷，編年を各年代，各地域ごとに統合を試みた，すぐれて分析的な論考である。本書の第二部「竪穴住居址考」は原始・古代の住居址研究において第一線で活躍しておられる金正基・崔夢龍・韓永熙氏による論考であるが，『考古学』，『韓国史論』において「韓国竪穴住居址考」，「青銅器時代の住居生活」，「初期鉄器時代の住居生活」と題され

て，それぞれ発表された論文によって構成されている。80年代初期までの発掘調査によったものである。

　これらの論文で注目されるのは，北において調査された成果を積極的にとり入れ，南における成果とあわせて概観し，統合を試みていることである。「櫛目文土器文化期」として北の黄海北道智塔里遺跡，平安南道弓山里遺跡，「無文土器文化期」としては咸鏡北道茂山邑の虎谷洞遺跡，会寧郡五洞遺跡，慈江道の公貴里遺跡，黄海北道松林市の石灘里遺跡などの住居址が考察されている。「青銅器時代の住居生活」編では前述の虎谷洞遺跡，公貴里遺跡，黄海北道の沈村里遺跡における住居址と人口の比率についての北の研究者の推定などを紹介されているのが，注目される。

　日本との関係で注目されるのは青銅器時代の住居址である休岩里・松菊里型である。竪穴住居址の床面中央に楕円形土坑と両端柱穴をもつ独特の形式で朝鮮半島中西部から南西部にかけて分布されている。本書の第三部「最近10年，朝鮮先史時代住居址発掘資料紹介」と第四部「朝鮮・日本古代住居址考」は休岩里・松菊里型の独自性を指摘しつつ，日本における分布を論じている。忠清南道休岩里住居址10基にみられる中央楕円坑と柱穴配置は，昨年，朝鮮最古の木柵列と環濠を出現させて吉野ケ里遺跡との関係で注目された忠清南道松菊里遺跡の円形竪穴住居址においても検出された。

　編著者は独特の休岩里・松菊里型住居址型の祖形として慶尚南道の鳳渓里遺跡にみえる新石器時代の第7号住居址をあげながら，同時代の平壌市南京遺跡31号住居址とソウル市岩寺洞遺跡の6号住居址にみえる床面中央に掘り下げられた中央坑が，鳳渓里7号住居址や休岩里・松菊里住居址といかなる関連があるのかと問うているように検討すべき研究課題である。さらに青銅器時代の石灘里遺跡の5号・9号住居址に先行する南京遺跡31号住居址や岩寺洞遺跡6号住居址との関連有無の比較研究は今後の課題としているのは重要な指摘である。留意されるのは，こうした休岩里・松菊里型住居址の初源や分布，先後関係を追いながら松菊里住居の日本での分布の意味を論じていることである。

　朝鮮半島からの物の渡来は認めるが人の渡来は認めないという論調にしばしばであるが，縄文晩期の稲作遺跡である福岡県粕屋町江辻遺跡の松菊里型住居址9基の存在は朝鮮半島からの直接の移住民の定住を証するものである。本書は早くから朝鮮との影響関係を想定した石野博信氏や日本における松菊里型住居址について精緻な分類をおこなった中間研志氏の研究成果によりながら，松菊里型住居形式をになった朝鮮からの移住民の定着を強調しているが，この点は住居の関係史にとどまらず朝日関係史をより豊かにする視点である。
　　　　　　　　　　　　　　　　　（全浩天）

論文展望

選定委員（五十音順略称）石野博信 岩崎卓也 坂詰秀一 永峯光一

白石浩之

いわゆる砂川期の再検討

國學院大學考古学資料館紀要　9輯
p. 1～p. 26

『砂川期』とは後期旧石器時代のナイフ形石器文化後半の時期に相当し，ＡＴ降灰後の岩宿Ⅱ石器文化に後続する石器文化である。この石器群は砂川遺跡に代表される両設打面をもつ砂川刃器技法を基盤とし，生産された素材を加工して，組織的にナイフ形石器や削器そして掻器などが製作された。ところがＡＴ降灰以前にも寺尾遺跡第6文化層や鈴木遺跡第6層の石器群が類似していることがわかり，所謂『砂川期』について再検討する必要性が生じた。

砂川段階のナイフ形石器は主に在地の石材を用い，二側縁，端部加工を中心として一側縁，両側縁，基部加工で構成される。とくに二側縁加工のナイフ形石器は裏面加工が顕著で，一側縁は裏面から正面，他側縁は正面から裏面の加工が特徴的に施される。石器群はナイフ形石器，石槍，抉入削器，彫器，先刃掻器などを組成とする。石槍は当該期のナイフ形石器と並立しよう。彫器は小坂型彫器や上ケ屋型彫器類品がある。

これに対して寺尾段階は両設打面を持つもの，頭部調整を施したもの，打面調整が顕著なものなど多様な剝片剝離技術がある。石材は黒曜石が凌駕している。ナイフ形石器の組成は5形態のナイフ形石器が認められるが，二側縁や両側縁加工のナイフ形石器が卓越する。また，鈴木遺跡のように端部加工のナイフ形石器は少なく，基部加工のナイフ形石器が目立つ。石器組成はナイフ形石器，掻器，削器，石錐，磨石などで構成される。石槍の共伴はない。抉入削器は顕著ではない。

砂川段階と寺尾段階ではナイフ形石器の諸形態が共通するものの，その組合わせ，石材，剝片剝離技術，石器組成などが異なっている。かくて砂川期は砂川段階に限定し，茂呂系の砂川段階と寺尾段階に区分する所以がそこにある。
（白石浩之）

設楽博己

縄文時代の再葬

国立歴史民俗博物館研究報告　49集
p. 7～p. 46

いったん遺体を骨にしてから再び埋葬する葬法を，複葬と呼ぶ。考古学的な事象からは，複葬の葬制全体を明らかにすることは困難で，最終的な埋葬遺跡で複葬制の存在を確認する場合が多い。そうした墓を再葬墓，その複葬の過程を再葬と呼んでいる。

縄文後期の再葬は，普遍的葬法といえるものはまれであるものの東北地方から近畿地方にいたる比較的広い地域にみられる。縄文時代には，血縁関係などの社会的なつながりを死後も維持するためと思われる合葬をしばしばおこなうが，後期の再葬のひとつの要因として合葬が考えられる。そうした再葬を伴う合葬のなかには祖先や集落の始祖に対する意識の萌芽的な側面が指摘できるものもある。

再葬の際の骨の取り扱い方という点では，縄文後期に顕著であった全身骨の再葬と，頭骨を重視する傾向が晩期初頭～前葉にも引きつがれる一方，それ以降，部分骨の再葬や中期にさかのぼる遺骨破壊の行為も比較的広範囲に広まるように，晩期前葉を過渡期として遺骨の取り扱いにも変化がみられるようになる。中部高地の縄文晩期の再葬の特色は，多人数の遺骸を焼いて処理する焼人骨葬であり，それは北陸に広がり，伊勢湾，近畿地方に伝播した。

晩期中葉の近畿地方では部分骨の再葬と結びついて，土器に骨を納める土器棺再葬をおこなっていた。土器棺再葬を部分骨再葬とみなせば，人骨を焼く行為はその残余骨の処理であったと考えられ，遺骨破壊の必要性が高まった反面遺骨保存の措置がとられた二重構造を想定することができる。多様な再葬の形態と相互の影響関係が認められる近畿地方から中部高地の内陸地帯で，類例は少ないが土器棺再葬と焼人骨葬が晩期終末まで継続するのは，弥生時代の壺棺再葬墓の成立を考えるうえで重要な現象である。
（設楽博己）

乗安和二三

西日本における弥生人の埋葬姿勢

考古論集―潮見浩先生退官記念論文集
p. 339～p. 358

埋葬姿勢には，葬送儀礼の一標示として，集団固有の伝統的埋葬観念が反映されているのみならず，死者の生前における社会的諸関係を基盤とした一定レベルでの集団的規制が作用したものと思われる。このような視点を前提として，山口県土井ケ浜遺跡における弥生人の埋葬姿勢について，その上肢のあり方を中心に検討した。上肢位は，埋葬姿勢を構成する諸要素の一つであり，死後直後になされる第一次的行為として位置づけられる。この上肢位は，体側ないし腰端に伸ばすもの（A系），下腹部に置くもの（B系），

上・中腹部に置くもの（C系），胸部に置くもの（D系），肩部に置くもの（E系）の5系に区別される。これを基に土井ケ浜遺跡弥生人の上肢型をみると，判別可能な50体について，左右の組み合わせで14種類の型が認められ，左右ともに肩に置くもの（EE型）が最も多く32%，右手を腹に左手を肩に置くもの（CE型）20%，両手とも腹に置くもの（CC型）14%で，他はいずれも6%以下である。こうした上肢型と，性別や年齢別あるいは階層差との相関性は認め難い。むしろEE・CE・CC型の特定型に集中するあり方が，集団的規制の証左として注目される。それは同時埋葬や追葬例において同一の上肢型を有する事例の存在などからみて，血縁原理の貫徹に伴う出自表示規制の可能性が強い。また抜歯系列と上肢型の相関関係などから，EE型が本来の身内すなわち在来系集団，CE・CC型が渡来人系出自の可能性を示唆した。さらに，西日本の縄文時代後・晩期～弥生時代における上肢屈曲度構成比の時代差及び地域差について言及した。とりわけ弥生時代になると，九州・山口地域ではE系の多いものと少ないものとに二極分化し，それらの分布は各々が渡来人系集団とされる北部九州・山口型弥生人と，在来人系の西北九州型弥生人の分布圏とほぼ合致することなどを指摘した。　　　（乗安和二三）

佐 田 　 茂

群集墳の断絶

古代学評論　3号
p. 1～p. 19

古墳時代を通じて，群集する小規模な古墳が存在している。形態は時期によって異なるが，九州では，5世紀中頃から竪穴系横口式石室を内部主体とする群集墳が顕著になる。石室形態は，伽耶地方のそれと関係づけることができ，単体埋葬が基本である。5世紀後半代はほとんどがこの種のもので，個人墓的性格をもっている。

そうした古墳が6世紀前半になると，ほとんどつくられなくなる。6世紀中葉以降の横穴式石室を内部主体とする群集墳と墓域を同じくする場合も多いが，時期を決定する須恵器の編年からみると，時間的な連続性が認められない。一方，前方後円墳，大形の円墳は，筑紫国造磐井の墓とされる福岡県八女市の岩戸山古墳にみられるように，前後の時代と連続してつくられている。

ここに群集墳の断絶を考える。断絶後の新しい群集墳についてはいずれ稿をなす予定であるが，政治的な変化を想定してみた。

考古学的な資料で，今のところ断絶を説明することはできないが，6世紀前半からはじまる文化現象としては，石室内への彩色壁画の出現，複室構造横穴式石室の採用，胴張り石室の出現があげられる。この現象は九州的なものであるが，ほかの地域でも何かみられるはずである。いずれにしても過渡的な現象といえよう。

『日本書紀』『古事記』の記載と直接結びつけることは考古学的テクニックではないが，あえて記録と対照してみると，継体朝を断絶の時期とすることができる。継体朝の評価については諸説あるが，「白猪田部の丁の籍を検へ定むべし」，「白猪田部の丁者を検へ閲み，詔の依に籍を定む，果して田戸を成す」と欽明紀にあり，これを新しい群集墳の築造の要因と考える。記事は吉備の白猪屯倉のことだが，全国的に施行されたと考え，群集墳の築造に規制を与えた結果と想定する。　　　（佐田　茂）

荻 野 繁 春

中世西日本における
貯蔵容器の生産

考古学雑誌　78巻3号
p. 31～p. 73

"壺・甕・摺鉢の時代"とも呼ばれる中世には，様々な用途をもった陶器が生産された。とくに非自給物資としての性格が強い大型の貯蔵容器には，広域流通物資として焼かれたものが多い。他にも，規模が小さく在地窯としての特色をもつものもある。

貯蔵容器には，須恵器系陶器・土師器系陶器・折衷系陶器・施釉器系陶器があり，中でも多いのが須恵器系陶器で，代表的なものに東播型と備前焼とがある。

東播型は丸底甕が特徴で，器高・胴径とも30cm前後の容量1斗以下のものが60%近くを占める。最大の特徴は，一種の文様として器面を飾りたてている叩き文痕で，中でも樹枝文様痕は特徴的で4種類ほどあり，三木窯と魚住窯で確認されている。これ以外にも，13種類以上のスタンプ文様があり，常滑焼など他の陶器との類似性も指摘できる。また朝鮮半島は高麗時代の陶器文様との関連をも想定しうる。

中世前半を代表するのが東播型とすれば，後半の代表は備前焼である。備前焼の甕は，容量からすると4つに分けられ，5～6斗入りのものが中心で，1石5斗以上の超大甕も16世紀になって焼かれる。一方壺は，14世紀前半頃になって急に生産量が増える。

須恵器系陶器には，この他にも注目すべきものとして，十瓶山焼や亀山焼・和泉型などがあり，中でも和泉型は15世紀以降生産量が増え，和泉国や河内国を中心とした消費地を背景に生産された。

中世前半は，各地で貯蔵容器が盛んに生産されており，12世紀後半以降，東播型を中心に生産量が急激に増える。中世後半になると，生産地の数は減少するが，備前焼のように大規模な生産地が出現する。

以上，西日本における中世の貯蔵容器生産は，須恵器系陶器が中心をなし，しかも，生産数が増加するといった特徴を論述した。

（荻野繁春）

●報告書・会誌新刊一覧●

編集部編

◆根城　八戸市教育委員会刊　1993年3月　Ａ4判　211頁

　青森県八戸市に所在する南部氏の住城である根城跡の本丸の発掘調査報告書。根城は太平洋に注ぐ馬淵川右岸の標高20mの段丘上に立地し，八つの郭が確認されている。本丸の調査は平場の95％（15,888m²）の範囲が行なわれ，掘立柱建物跡，竪穴建物跡，井戸跡，溝跡，土壙，柵跡，柱跡，門跡などの遺構が確認され，陶磁器，武器・武具類，鉄釘などの建築用具，鉄鍋・箸などの生活用具，仏具，古銭などの遺物が出土している。本丸の遺構は著しい重複をみせており，長期にわたって使用されていたことが窺われる。これらの遺構の変遷は，大型の掘立柱建物跡をもとに，12世紀中頃から16世紀末〜17世紀初頭に至る期間で17期に区分されている。

◆中国地方製鉄遺跡の研究　広島大学文学部考古学研究室編　1993年2月　Ｂ5判　386頁

　本書は3部からなり，第1部は広島大学考古学研究室が中心となって行なった製鉄関連遺跡の調査の記録であり，13の遺跡が記載されている。このほか付載として遺構の残留磁気測定結果，熱ルミネッセンス法による年代測定などの自然科学的調査の報告6編が掲載されている。第2部は中国地方において調査が行なわれた43の製鉄遺跡の概要が記載されており，第3部は製鉄史に関係する2論文と，広島大学考古学研究室所蔵の鉄滓，砂鉄などの製鉄関係目録が掲載されている。

◆江口貝塚Ｉ　愛媛大学法文学部考古学研究室刊　1993年3月　Ｂ5判　221頁

　江口貝塚は，愛媛の東部の越智郡波方町に所在する縄文時代前期初頭から後期に形成された貝塚で，本書はこのうち前・中期の成果をまとめたものである。試掘坑調査により縄文時代前・中期の土器が各々5段階に層序的にとらえられ，西部瀬戸内地方の土器編年に層位的基準を与えた。遺構としては中期前半の配石遺構が注目されるが，土器以外の遺物としては貝刃6点のほか，石鏃・石匙・石錘などの石製品，ヤス状刺突具・鹿角製釣針などの骨角器が出土している。

◆磐越地方における古墳文化形成過程の研究　新潟大学文学部考古学研究室刊　1993年2月　Ｂ5判　125頁

古墳出現前後における越後の土器様相………坂井秀弥・川村浩司
会津地方における古墳出現期の土器の様相……………田中　敏
越後地方の前期の古墳…甘粕　健
会津盆地の前期古墳
　………………辻　秀人・菊地芳朗
中通りの前期古墳………工藤雅樹
本屋敷古墳群の再検討
　………………阿部朝衛・伊藤玄三
磐越地方における古墳出土管玉の石材…………大沢真澄ほか
古墳文化形成過程の新潟平野と会津盆地………………甘粕　健

◆関西大学考古学研究室開設四拾周年記念　考古学論叢　関西大学文学部考古学研究室刊　1993年3月　Ｂ5判　1133頁

西南日本における後期旧石器時代前半期の一様相………山口卓也
初期稲作志向モデル論序論
　………………………森岡秀人
竪穴住居跡における石器の出土位置について…………西川卓志
近畿地方出土の石包丁について
　………………………会田茂伸
石津川流域の弥生時代集落の動向
　………………………池峰龍彦
前期古墳にみられる土師器の「副葬」…………………田上雅則
第二のアズマの前期古墳
　………………………徳田誠志
百舌鳥・古市古墳群成立の要件
　………………………田中晋作

久津川古墳群研究の検討課題
　………………………鐘方正樹
陪冢考………………藤田和尊
炉と竈の比較………会田幸美
宇田型台付甕型土器に関する検討
　………………………平松良雄
古墳出土の須恵器（二）
　………………………土生田純之
但馬における横穴系埋葬施設の導入……………………中村　弘
丹羽・篠山盆地における古墳群の様相…………………亥野　疆
加古川流域産家形石棺についての一考察………………十河良和
上野地域における群集墳の成立
　………………………右島和夫
後期古墳の階層性……尼子奈美枝
土器製塩技術の系譜……入江正敏
須恵器窯と燃料薪………藤原　学
奈良県当麻地方の終末期古墳と被葬者…………………泉森　皎
聖徳太子磯長墓考………山本　彰
飛鳥・藤原京をめぐる遺跡と古墳群……………………関川尚功
藤原京の周辺でみつかる条坊遺構について………………林部　均
二上山麓の古代寺院……河上邦彦
古代における複線鋸歯文を表現する瓦の検討………広岡孝信
正倉院建築の系譜………石野博信
考古学からみた北摂山陽道
　………………………富田好久
河内国高安郡「教興寺」について
　………………………吉岡　哲
香川県十瓶山窯跡群における須恵器編年…………………佐藤竜馬
中世前期における伊勢の土師器皿について…………………伊藤裕偉
鼓神社石造大宝塔考……斎藤　孝
中世遺跡出土の木製卒塔婆について……………………西本安秀
近代産業以前の梵鐘鋳造の技術について………………吉田晶子
古代の螺鈿…………高橋隆博
新羅王京の地割り
　………………亀田　博・網干善教
明孝陵の地相分析……来村多加史
インドにおける土器製作技術

⋯⋯⋯⋯⋯米田文孝
◆**考古論集** 潮見浩先生退官記念
事業会編 1993年3月 B5判
1050頁
人間研究と人類学・霊長類学の意
　義および展望⋯⋯⋯⋯江原昭善
瀬戸内の人類学⋯⋯⋯⋯池田次郎
北海道における台形様石器を伴う
　石器群について⋯⋯⋯山原敏朗
発達期槍先形尖頭器の製作技術
　⋯⋯⋯⋯⋯⋯⋯⋯藤野次史
相模野台地における槍先形尖頭器
　と細石刃の展開⋯⋯⋯島立　桂
西南日本の細石刃について
　⋯⋯⋯⋯⋯⋯⋯松浦五輪美
礫群構成礫の割れに関する実験的
　研究⋯⋯⋯⋯⋯⋯⋯保坂康夫
縄文時代の石器原材獲得
　⋯⋯⋯⋯⋯⋯⋯⋯竹広文明
ふたたび東釧路Ⅱ式土器について
　⋯⋯⋯⋯⋯⋯⋯⋯西田　茂
室川下層式土器と南島⋯高宮廣衛
有孔土器の変遷⋯⋯⋯⋯長沢宏昌
縄文時代後期の瀬戸内⋯中越利夫
宇佐平野周辺における磨消縄文土
　器の編年⋯⋯⋯⋯⋯後藤晃一
縄文時代後・晩期の打製石斧によ
　る生産活動⋯⋯⋯⋯山本直人
石狩低地帯南部の環状周堤墓
　⋯⋯⋯⋯⋯⋯⋯⋯林　謙作
奄美諸島の縄文時代晩期から弥生
　時代相当期の土器編年
　⋯⋯⋯⋯⋯⋯⋯⋯堂込秀人
稲作は倭人が将来した⋯樋口隆康
焼畑と水田⋯⋯⋯⋯⋯⋯賀川光夫
わが国初期稲作期における土錘の
　伝来と東伝⋯⋯⋯⋯下條信行
西日本における弥生人の埋葬姿勢
　⋯⋯⋯⋯⋯⋯⋯乗安和二三
倒置甕棺墓⋯⋯⋯⋯⋯⋯藤田　等
弥生時代の合葬人骨⋯⋯本間元樹
弥生時代の鉄斧と鉄釿⋯川越哲志
弥生時代鉄器の地域性⋯野島　永
山口県東部の弥生後期土器編年
　⋯⋯⋯⋯⋯⋯⋯⋯山本一朗
刀形木製品⋯⋯⋯⋯⋯佐藤達雄
初期埴輪と畿内政権⋯⋯古瀬清秀
古墳時代終末期における畿内型古
　墳の地域相⋯⋯⋯⋯⋯脇坂光彦
筑後・浦山古墳出土の須恵器
　⋯⋯⋯⋯⋯⋯⋯⋯本村豪章

東播系須恵器出現期における摂播
　国境地域の土器様相⋯菅本宏明
日本古代の鋸⋯⋯⋯⋯松井和幸
古代日本における子供の帰属
　⋯⋯⋯⋯⋯⋯⋯⋯辻村純代
熊本県・鞠智城跡をめぐる諸問題
　⋯⋯⋯⋯⋯⋯⋯小田富士雄
平城宮中央区大極殿地域の建築平
　面について⋯⋯⋯⋯⋯小沢　毅
桶巻作り軒平瓦の製作工程
　⋯⋯⋯⋯⋯⋯⋯⋯山崎信二
水切瓦再考⋯⋯⋯⋯⋯松下正司
長岡京の金属器生産⋯⋯山中　章
広島県下岡田遺跡の古代建築群を
　めぐって⋯⋯⋯⋯⋯河瀬正利
備後における古代末期の土器の一
　様相⋯⋯⋯⋯⋯⋯⋯鈴木康之
備前沢田，備中田中，備後西国寺
　の瓦経をめぐる⋯⋯⋯間壁忠彦
上総介広常の居館址はどこか
　⋯⋯⋯⋯⋯⋯⋯⋯加藤晋平
西日本の中世井戸⋯⋯⋯岩本正二
国内出土のいわゆる「無文銭」に
　ついて⋯⋯⋯⋯⋯⋯是光吉基
城郭からみた戦国大名毛利氏の成
　長⋯⋯⋯⋯⋯⋯⋯⋯小都　隆
台付把手壺考⋯⋯⋯⋯新谷武夫
中国先史時代の漁撈⋯⋯甲元真之
中国先史時代の二次葬考
　⋯⋯⋯⋯⋯⋯⋯⋯横田禎昭
中国春秋戦国時代の農具鉄器化の
　諸問題⋯⋯⋯⋯⋯⋯佐野　元
王莽鋳銭の技術と意義⋯秋山進午
東南アジアの青銅斧と熔笵
　⋯⋯⋯⋯⋯⋯⋯白木原和美
女真の鉄⋯⋯⋯⋯⋯⋯村上恭通
J．G．アンダーソン「中国先史時代
　の彩文土器における象徴性」
　⋯⋯⋯⋯⋯⋯⋯⋯松崎　哲訳
シリア北西部におけるウバイド文
　化についての一考察
　⋯⋯⋯⋯⋯⋯⋯山崎やよい
鉄製釣針の製作用具⋯⋯渡辺　誠
絵馬は語る⋯⋯⋯⋯⋯菊山　肇
◆**神奈川県の考古学の問題点とそ
の展望** 神奈川県立埋蔵文化財セ
ンター刊 1993年3月 A4判
175頁
学史からみたかながわの考古学
　⋯⋯⋯⋯⋯⋯⋯⋯白石浩之
先土器時代の集落と生活領域

　⋯⋯⋯⋯⋯⋯⋯⋯鈴木次郎
先土器時代石器群研究の行方
　⋯⋯⋯⋯⋯⋯⋯⋯砂田佳弘
日本における使用痕研究の展開
　⋯⋯⋯⋯⋯⋯⋯⋯御堂島正
縄文時代の集落と葬制⋯山本暉久
集石・貯蔵穴・陥穴⋯⋯長岡文紀
縄文時代の土器編年⋯⋯恩田　勇
　　　井沢　純・加藤勝仁
弥生時代の集落⋯⋯⋯⋯伊丹　徹
弥生時代の葬制⋯⋯⋯⋯坂口滋皓
弥生土器編年研究の動向
　⋯⋯⋯⋯⋯⋯⋯⋯谷口　肇
古墳時代の集落⋯⋯⋯⋯中田　英
高塚古墳研究の現状と課題
　⋯⋯⋯⋯⋯⋯⋯⋯近野正幸
横穴墓⋯⋯⋯⋯⋯⋯⋯上田　薫
古墳時代の土器研究⋯⋯西川修一
奈良・平安時代集落研究の到達点
　とその展望⋯⋯⋯⋯⋯大上周三
相模国府と国分寺の所在について
　⋯⋯⋯⋯⋯⋯⋯⋯長谷川厚
奈良・平安時代の墓制⋯富永樹之
古代の木簡⋯⋯⋯⋯⋯小林泰文
中世の墓制⋯⋯⋯⋯⋯宍戸信悟
中世土器・陶磁器の研究
　⋯⋯⋯⋯⋯⋯⋯⋯服部実喜
近世の諸遺跡⋯⋯⋯⋯市川正史
県内出土の近世遺物とその研究に
　ついて⋯⋯⋯⋯⋯⋯桝　規彰
◆**福島考古** 第34号 福島県考古
学会 1993年3月 B5判 124頁
福島市竹ノ森遺跡における前期旧
　石器時代の石器群
　⋯⋯⋯⋯⋯⋯⋯藤村新一ほか
伝福島県大王村相応寺出土の常滑
　壺⋯⋯⋯⋯⋯⋯⋯西山真理子
『小名浜』台の上遺跡編年考
　⋯⋯⋯⋯⋯⋯⋯⋯柳沢清一
門田条理遺跡出土木簡と古代会津
　郡⋯⋯⋯⋯⋯⋯⋯⋯坂内三彦
『新編会津風土記』・『会津鑑』所
　載の保延5年在銘の経筒の研究
　⋯⋯⋯⋯⋯⋯⋯⋯梅宮　茂
石川町薬王寺の経典版木及び木製
　五輪⋯⋯⋯⋯⋯⋯⋯藤田定興
会津若松市屋敷遺跡出土の縄文晩
　期土器⋯⋯⋯⋯⋯⋯藤谷　誠
東日本・東海・西日本の大洞A・
　A′式段階の土器⋯⋯⋯中村五郎
◆**研究報告** 第48集 国立歴史民

俗博物館　1993年3月　B5判
334頁
生業からみた縄文から弥生
　　　……………………藤尾慎一郎
縄文晩期併行期の奄美…西谷　大
◆研究報告　第49集　1993年3月
B5判　384頁
縄文時代の再葬………設楽博己
弥生時代の再埋制………春成秀爾
奈良県宇陀地方の中世墓地
　　　……………………白石太一郎
中世群集墓遺跡からみた惣墓の成
立………………………吉井敏幸
葬とまじない…………水野正好
◆研究報告　第50集　1993年3月
B5判　531頁
壺棺再葬墓の基礎的研究
　　　……………………設楽博己
弥生時代のブタの形質について
　　　……………………西本豊弘
豚の下顎骨懸架…………春成秀爾
玉纒太刀考…………白石太一郎
武蔵国内の東山道について
　　　……………………酒井清治
防長産緑釉陶器の基礎的研究
　　　……………………高橋照彦
集大成としての江戸城…千田嘉博
◆考古学雑誌　第78巻第3号　日
本考古学会　1993年2月　B5判
136頁
摂津海北塚古墳出土須恵器の再検
討…………………………中村　浩
中世西日本における貯蔵容器の生
産…………………………荻野繁春
レヴァント地方の中部旧石器研究
と現生人類の起源問題
　　　……………………西秋良宏
◆考古学雑誌　第78巻第4号
1993年3月　B5判　118頁
押型文土器の起源と変遷
　　　……………………矢野健一
楽浪墳墓の編年…………高久健二
考古学の革新…………安斎正人
◆立正史学　第73号　立正大学史
学会　1993年3月　A5判　116頁
カピラヴァストウはどこか
　　　……………………坂詰秀一
北部九州出土のフラスコ形提瓶
　　　……………………池上　悟
◆紀要　第9輯　国学院大学考古
学資料館　1993年3月　B5

272頁
いわゆる砂川期の再検討
　　　……………………白石浩之
遺跡の凝集性と遺跡間の関係
　　　……………………宮尾　亨
増補伊豆諸島出土・伝世和鏡基礎
集成…………海洋信仰研究会
　　　　　　和鏡研究部会
◆新潟考古学談話会会報　第10号
新潟考古学談話会　1992年11月
B5判　54頁
新潟平野における古代塩生産の変
容…………………………坂井秀弥
上越地方における縄文時代中期前
葉の土器様式…………望月正樹
新潟県における塚(群)研究の現状
と課題…………………品田高志
土偶形態分類に関する一視点
　　　……………………石川智紀
◆滋賀考古　第9号　滋賀考古学
研究会　1993年3月　B5判　72
頁
北陸地方西部における弥生時代墓
制の変容…………………古川　登
住居内土坑についての検討
　　　……………………近藤　広
三遠式銅鐸一考…………進藤　武
◆古代文化　第45巻第1号　古代
学協会　1993年1月　B5判　56
頁
刃部円形加工のスクレイパーの発
生と展開(上)………比田井民子
西日本縄文文化成立期の分布・立
地論的検討(上)………土江伸明
◆古代文化　第45巻第2号　1993
年2月　B5判　54頁
刃部円形加工のスクレイパーの発
生と展開(下)………比田井民子
西日本縄文文化成立期の文化・立
地論的検討(下)………土江伸明
山梨県釈迦堂遺跡群出土土偶にみ
られる髪形の研究……吉本洋子
◆古代学評論　第3号　古代を考
える会　1993年3月　B5判
146頁
群集墳の断絶…………佐田　茂
日朝古代交渉の問題点…上田正昭
新羅の伽耶統合…………金　昌鎬
　　　　　　　　　竹谷俊夫　訳
伽耶の武具と馬具………申　敬澈
　　　　　　　　　竹谷俊夫　訳

韓国の鉄生産…………大沢正己
韓国福泉洞古墳出土鉄鋌の微量分
析と若干の考察……村上英之助
◆島根県考古学会誌　第10集　島
根考古学会　1993年3月　B5判
318頁
北陸地方の四隅突出型墳丘墓につ
いて……………………古川　登
島根・鳥取県出土子持壺集成
　　　……………………柳浦俊一
島根県における古墳時代の鉄鏃に
ついて…………………原喜久子
石棺式石室の系譜………角田徳幸
寺町廃寺式軒丸瓦の伝播
　　　……………………妹尾周三
雲南地方所在の二三の古石碑
　　　……………………杉原清一
八雲村空山遺跡採集の石器につい
て……………丹羽野裕・湯村　功
弥生墳丘墓における墓上の祭儀
　　　……………………渡辺貞幸
伯太町高広遺跡出土の脂肪質遺物
について……………松本　哲ほか
島根県広瀬町本郷上口横穴出土の
古墳時代人骨について
　　　……………………池田次郎
◆九州文化史研究所紀要　第38号
九州大学文学部九州文化史研究施
設　1993年3月　A5判　124頁
縄文土器研究における「様式」に
ついての覚書………松永幸男
「記憶」と「時間」………溝口孝司
古墳の被葬者とその変化
　　　……………………田中良之
◆地域相研究　第20巻下巻　地域
相研究会　1993年3月　B5判
123頁
20年前の韓国・東山洞貝塚
　　　……………………江坂輝彌
豊前北部の古墳出現期にみる諸様
相…………………………宇野慎敏
鎌倉期国東塔の造立目的
　　　……………………河野竜介
郷土の考古学者・名和羊一郎の生
涯…………………………佐々木武彦
◆人類史研究　第8号　人類史研
究会　1992年10月　B5判　142頁
原始・古代の日本と中国の卜骨,
卜甲について…………何　艶
円筒埴輪の編年…………大西智和
開聞岳の古墳時代噴火…成尾英仁

■考古学界ニュース■

編集部編

九州地方

宇宿上層式土器が本土で出土
指宿市湯の浜5丁目の南摺ケ浜遺跡で，沖縄・奄美諸島でしかみつかっていない縄文時代晩期の宇宿上層式土器が出土した。6.5×5cmほどの大きさで，直径11.4cmの壺形土器の口縁部の破片とみられる。宇宿上層式土器は北はトカラ列島の中之島まで確認されていたが，本土でみつかったのは初めて。

また市内十二町の橋牟礼川遺跡では7世紀後半から9世紀後半の間の地層にある竪穴住居跡からガラス小玉が出土した。直径4.5mm，厚さ2〜3mmの青白色で首飾りの一部とみられる。

縄文後期の土器片に建物の絵
指宿市大当の大園原遺跡で掘立柱建物の線刻画が描かれた縄文時代後期の土器片がみつかった。土器片は8cm×6cmの大きさで，貝殻条痕文のついた深鉢形土器の底部に近い部分とみられる。絵の大きさは3cm×3.7cmで，ヘラ状の工具で刻まれていた。上部には草葺き屋根とみられる多数の点がつけられ，下部には縦に4本，横に1本の長い線があることからそれぞれ柱と地面を表わしたとみられる。描かれた建物は高床式建物の可能性があり，東日本に比べずっと遅れるとされていた西日本の高床式建物が一挙に縄文後期までさかのぼることになった。

壱岐に弥生の環濠跡　長崎県壱岐の原の辻（はるのつじ）遺跡で壱岐郡石田町・芦辺町・長崎県教育委員会による発掘が行なわれ，弥生時代前期から後期にかけての大規模な環濠跡が出土した。長さ150mと70mの環濠が1条ずつと，その西側に2mの環濠が計2条確認されたことから二重環濠とみられる。溝はV字形で深さ2〜3m，幅3〜4m。北部が8〜16m高くなっている丘陵地帯で，丘陵の北側や西側でも溝の一部が出土していることから環濠は丘陵を取り囲んでいたものとみられる。同遺跡はこれまでに竪穴住居跡や漢式鏡・1,000点を越すガラス玉が副葬されたカメ棺墓・箱式石棺墓群が発見されており，島内最大の平野に位置することから，『魏志倭人伝』に登場する一支国の中心地ではないかとみられている。

弥生〜古墳時代の大型井堰　福岡市教育委員会が発掘調査を進めている同市早良区賀茂の免遺跡で弥生時代中期から古墳時代後期にかけてたびたび構築され使用されたアーチ状をなす大型井堰がみつかった。同遺跡は金屑川沿いにあり，金屑川の旧河道に弥生時代中期以降，古墳時代後期後半まで河道が変わるたびに護岸と井堰を兼ねる大型井堰が構築されており，とくに古墳時代初頭のものは幅16m前後の河道をせき止めている。直径10m前後，長さ1.5m前後の杭を打ち込み，建築廃材などを横木として利用し，隙間には粘土やスサなどを埋め込みあるいは敷きつめ，3m近くの幅で頑丈な構造を造り出している。井堰は，小河川にあうように半円状（アーチ状）とし，杭は川下側に傾斜させている。約3,000m²前後の敷地内で各時期の護岸や井堰が検出された例はまれで，同遺跡からは各時期の鍬・鋤・杵の農具などの木製品が多量に出土していることから，弥生時代中期以降大規模な水稲耕作が行なわれていたとみられる。

中国地方

5段築成の方墳　大谷1号墳発掘調査団（近藤義郎団長）が調査を行なった岡山県上房郡北房町上中津井定の県指定史跡・大谷1号墳（7世紀後半）で階段状の列石を5段に積み重ねた全国的にも珍しい方墳が発見された。同墳は丘陵頂部の南斜面に築かれており，東西に延びる第1列石（約23.5m），東西の端が北に折れて延びる第2列石（約21.5m）があり，第3と第4列石のテラス面は石が敷き詰められていた。下から2段目までは丘陵斜面を削って築造しているが，3段目（一辺約13m）以上は版築状の盛り土があり，全体の高さは推定で約7m。5段築成の古墳は天武・持統合葬陵以外になく，同墳からは昭和63年の調査で切石積の横穴式石室内から金銅装双竜環頭大刀や金銅製品がみつかっているだけに，大和政権から吉備地域の統治を任された大宰（たいさい）の墳墓説もある。

横穴式石室から火葬の跡　総社市教育委員会が発掘調査を行なっていた市内福井の福井大塚古墳群大塚1号墳（径24m）で横穴式石室の内部で火葬を行なったとみられる痕跡がみつかった。古墳は6世紀後半のもので，火葬の風習が広まる8世紀を1世紀以上さかのぼる例だけに注目される。横穴式石室は全長約12mで，側壁は火を受けて赤黒く変色したり，ひび割れて崩れたものが多い。石室内部からは人骨片や焼土，炭，熱で変形したガラスの玉製品，銅製耳環，鉄刀，須恵器などが出土したことから，遺体を木棺に納め，石室内で焼いた「焼葬」の存在を証明するものと推定される。なお，同古墳の南には全長22mの前方後円墳・大塚2号墳もみつかった。

近畿地方

三角縁神獣鏡が7面　神戸市灘区の西求女塚（にしもとめづか）古墳で神戸市教育委員会による発掘調査が行なわれ，三角縁神獣鏡7面を含む銅鏡計12面（うち9面はほぼ完形で3面は破片）や鉄剣など多くの副葬品がみつかった。7面という舶載鏡のみの三角縁神獣鏡一括出土は椿井大塚山古墳の

32枚などに次ぎ3番目。5面の中国鏡には神人龍虎画像鏡や獣帯鏡，画文帯環状乳神獣鏡が含まれていた。鋳上りはすべて非常によく，表面に繊維が残るものもあることから，布でくるまれていた可能性もある。西求女塚古墳は全長110m以上の前方後円墳で，後円部径は60m以上ある。鏡は後円部のほぼ中央にある竪穴式石室の南半分から出土した。石室は大規模な地震のために南半分が約2m下にずれ込み残っていたが，北半分は削り取られていた。石室の壁面や鏡の表面には朱が残っており，鏡の何枚かは木棺を囲むように石室の壁に立て掛けてあったと推定される。また出土した土器は山陰地方特有の型式が大量にあり，同墳の被葬者と山陰地方との密接なつながりが感じられる。出土土器からみて3世紀末〜4世紀初めの最古級の前方後円墳であることがわかった。

平城宮跡から造酒司の遺構　奈良市佐紀町の特別史跡・平城宮跡で内裏の東約200mの場所から井戸跡を含む造酒司の遺構が発見された。面積は東西60m以上，南北90m以上あり，宮内の役所としては規模が大きい。遺構は3期の変遷がたどれる。井戸跡は奈良時代後半のもので，直径1.4m，深さ1.45mの円形。杉の大木をくり抜いてはめ込み，周囲は檜で方形の型枠を造っていた。また井戸の周辺は内側にバラス，外側に人頭大の石を同心円状に敷き詰め，六角形の特異な覆屋があったこともわかった。そのほか，酒甕を据えた穴（直径約60cm）が30〜40個も並ぶ建物遺構3棟のほか，この役所の管理棟とみられる南北7間，東西3間の建物跡もみつかった。また木簡は井戸の排水路などから34点出土したが，醸造用の米が各地から運ばれてきたことを示す「丹後国丹波郡大野郷酒米石

部足五斗」や「伊勢国飯野郡黒田郷」と書かれたものもあった。

銅戈を描いた弥生土器　奈良県磯城郡田原本町の唐古・鍵遺跡で銅戈をリアルな線刻画で描いた弥生時代中期後半の土器片が発見された。土器片は7cm×6cmの大きさで，もとは直径32cmほどの壺の肩部だったらしい。戈の先端部分は欠けているが，鋸歯文もくっきりと残り，「大阪湾型銅戈」を描いたものと推定される。大阪湾型銅戈は大阪府，兵庫県，和歌山県の5遺跡17例しかみつかっていないが，この絵の発見で奈良県にも実物があったことは確実で，さらに生産もされていた可能性が強い。現場は同遺跡のほぼ中心部にあたる唐古池の南西約100mで，土器片は幅5mの大溝の中から出土した。田原本町教育委員会による今回の調査では銅戈のほか，シカが4頭並んだ図や魚，船の櫂を描いたものなど全部で8点の絵画土器がみつかった。

弥生後期のくり抜き木棺　桜井市と橿原市にまたがる大福遺跡で桜井市教育委員会による発掘調査が行なわれ，弥生時代後期の身と蓋を組み合わせたくり抜き式の木棺が出土した。この木棺は長さ2.5m，幅約1mの土壙に頭がほぼ北を向くように埋められていたもので，身は長さ2.1m，最大幅46cmのヤナギ科のヤマナラシ製。くり抜きの深さは4cm前後で，両側には直径約10cmの杭を2本ずつ打ち込んでいた。蓋はカツラ科の大木で，蒲鉾型をなし，長さは1.8m。深さ20cmほどをくり抜いていた。棺内には歯や骨が少量残っており，被葬者は身長1.6m以下の成人と推定されるが性別は不明。弥生時代の木棺は箱形木棺が主流で，このタイプが古墳時代の割竹形木棺に発展していった可能性が強い。

和鏡の鋳型　古代文化調査会

（家崎孝治代表）が発掘調査を続けている京都市下京区の京都近鉄百貨店西側で平安時代後期に作られた方形の和鏡鋳型がほぼ完形のまま出土した。現場は平安京の左京八条三坊九町で，当時の塩小路と室町小路の交差点北東にあたる。ごみ捨て穴の跡から土器とともにみつかったもので，周辺からは鋳型片や炭，ルツボの破片などがみつかり，鋳造工房があったらしい。鋳型は縦19cm，横25cm，厚さ4cmで，鏡の部分は縦16cm，横20cm，中央には方形の鈕がある。模様はリンドウとみられる草花を左端に配し，中央から右側にかけてはカササギとみられる2羽の鳥と2匹の蝶が遊ぶ意匠。遺跡付近は平安時代に鋳造工房が集まっていたことが『新猿楽記』などに記されており，過去の調査でも鋳型の小片がみつかっている。典型的な和鏡の成立はこれまで12世紀中〜後葉とされていたが，今回の発見で100年ほどさかのぼることがわかった。

大津宮の主要殿舎を発掘　天智天皇によって667年に造営された大津宮の宮殿跡とされる大津市錦織2丁目の近江大津宮錦織遺跡で滋賀県教育委員会と滋賀県文化財保護協会による発掘調査が行なわれ，四面に廂をもつとみられる大型建物の柱穴群が発見された。建物の規模は東西9.2m以上，南北7.65m以上で，廂の幅は約2.15m。四方に廂をめぐらせた東西に長い建物の一部とみられる。柱は直径約40cmの掘立柱が使われていた。同遺跡ではこれまで内裏正殿（推定東西21.3m，南北10.4m），内裏南門，長殿，朝堂院西第一堂や回廊，塀，石敷溝などがみつかっているが，今回の遺構が内裏正殿の北約70mの場所で，正殿と南門を結ぶ宮の中軸線上に位置していることから，天皇が日常生活を送った主要殿舎の一つでは

■考古学界ニュース■

ないかとみられている。

日本式に建て替え 大津市教育委員会が発掘を行なった市内高砂町の上高砂遺跡で，朝鮮式の住まいから日本式の住まいに建て替えたことを示す珍しい建物跡がみつかった。発見されたのは6世紀の切妻大壁造りとよばれる8m四方の住居跡と，一辺6mの竪穴住居跡2軒。竪穴住居跡は切妻大壁造建物を壊した直後に建てられており，焼け落ちた痕跡はない。切妻大壁造建物は向き合う二辺の中央に大きな棟持ち柱を1本ずつ立て，その間に間柱を連ねて屋根と壁を作るもので，床には粘土や板が張られる。同遺跡の付近からはほかに横穴式石室やミニチュア炊飯具型土器など朝鮮半島の影響の強い遺構・遺物がみつかっている。大津市北部地域は5世紀後半に百済から渡来人が多数移り住んだ所とされており，渡来人が日本の気候・風土に合わせて住居を変えていった様子をうかがい知ることができる。

中部地方

未盗掘の箱式石棺 高山市赤保本町の県指定史跡・赤保木古墳群のうちの5号墳（円墳）で高山市教育委員会による発掘調査が行なわれ，5世紀の箱式石棺と竪穴式石室が隣接してみつかった。竪穴式石室は長さ2.87m，幅0.85mで，河原石を積み上げたもの。内部から全長29〜36cmの鉄剣2本とヤリ1本がみつかった。この石室の北側に板状の蓋石で二，三重に蓋をした箱式石棺が発見された。内部の石は朱で塗られており，未盗掘と思われる。箱式石棺は5世紀中葉またはそれ以前，竪穴式石室は5世紀中葉の年代が想定されている。

関東地方

川越城に中世の堀跡 川越市立博物館が川越市郭町の川越城本丸御殿隣接地で行なった発掘調査で中世の堀跡が発見された。この空堀は幅約3m，深さ約1mの大きさで，東西30mほどがみつかっている。もとはかなり大きな堀であったものが，削られて浅くなったものとみられる。空堀の中からは南北朝時代以前の常滑壺や脇差などが出土したことから，室町時代半ばに築城された川越城以前にも中世武士が館を構えていたことがわかった。このほか，縄文時代の土器や石器，古墳時代の住居跡，戦国時代の堀跡，江戸時代の城の内堀，地下室など各時代の遺構が発見されている。

縄文後・晩期の環状遺構 栃木県埋蔵文化財センターと小山市教育委員会が発掘を進めている市内梁の寺野東遺跡で直径180mの円形堤状遺構が発見された。土堤の部分は幅約20〜40m，高さ約1〜5mで，出入口と思われる低い所もある。盛土の東側部分は江戸時代の河川工事で削られていた。土堤の内部は中央部を除いて掘り下げられ，中央部は台状に盛り上がり，堤状遺構との関連が注目される。北海道の環状土籬は墓としての性格をもっているが，この遺跡は墓の形跡がなく，祭りの場であった可能性が強い。出土遺物も土偶，土面，石剣，耳飾り，玉類など祭器が多く，それを裏づけている。土堤の最下層からは加曾利B式土器，上層から安行式土器が出土している。

東山道の遺構 宇都宮市教育委員会が発掘調査を行なっている市内平出町の上野（うわの）遺跡で東山道の一部と推定される道路遺構が発見された。長さ約60mの直線道路で，12mの道幅の両脇に幅2.5m，深さ1.2mの側溝が南北に走っている。そして道のさらに西にはもう1本の側溝が8m近い間隔をおいて確認され，側溝からは10世紀の土師器坏1点が完形のまま出土した。昨年度は今回の現場の南約100mでも東山道の一部とみられる遺構が発掘されており，市内での東山道の調査は2カ所目。東山道は大化の改新以後に整備が始まり，4里ごとに駅が置かれた。栃木県内では北から黒川，磐上，新田，衣川，田部，三鴨，足利の7カ所に駅があったとされている。

中世の大規模な堀と青磁 宇都宮市教育委員会が発掘調査を進めている市内城南3丁目遺跡で深さ2m，長さが調査範囲だけで60mの大規模な中世の堀が出土，中から宋代の青磁片が出土した。青磁は蓮弁紋が描かれ，龍泉窯で焼かれたものらしい。一般の集落とは考えにくく，堀で囲まれた商業的な街が存在した可能性もある。さらに5世紀後半の円墳は直径12mで，深さ0.5m，幅1mの周濠で囲まれていた。中央には埋葬施設が2基平行して置かれていた。そのほか平安時代の竪穴住居跡，中・近世の掘立柱式建物なども発見された。

弥生期の骨角器多数 群馬県埋蔵文化財調査事業団が発掘を続けている高崎市新保田中町の新保田中村前遺跡から弥生時代の多量の獣骨とともに約50点の骨角器が発見された。遺物は弥生時代後期の旧河道から出土したもので，弥生土器や木製品，シカ・イノシシ・クマ・カワウソなど多量の獣骨に混じって約50点の骨角器がみつかった。骨角器の中にはニホンオオカミの牙で作られた首飾り2点やペーパーナイフ型とキノコ型の髪飾り，弓弭型角製品3点などが含まれている。またシカの肩胛骨もみつかっており，現在も富岡市の貫前神社で行なわれている「鹿占の神事」につながるものと考えられる。

武井遺跡から環状礫群 群馬県

勢多郡新里村教育委員会が調査を進めている同村武井の武井遺跡で約2万5千年前の後期旧石器時代の礫群11基がみつかった。直径10cm前後の石百数十個をほぼ円形に敷き詰めた礫群11基が直径20mの環状に並ぶ環状礫群で，さらに黒曜石などで作られた槍先形尖頭器やナイフ形石器がブロック状にまとまって礫群の間を埋めるように発見された。石器は最終的に2万点を越えるものとみられている。武井遺跡では昭和29年に発掘調査が行なわれ，武井Ⅰ文化層と同Ⅱ文化層が発見されているが，今回みつかった礫群は武井Ⅰ文化層に伴うものである。また，これとは別にⅠ文化層とⅡ文化層の中間の層位からも今回はじめて礫群が発見されており，新たな文化層の出現も考えられる。

――――――――――東北地方

9棟続きのロングハウス　3年前に全長43.5mの大型住居跡が発見された米沢市矢来1丁目の一ノ坂遺跡で，米沢市教育委員会による第7次調査が行なわれ，9つの住居が棟続きになった長さ約55mの連房形竪穴住居（仮称）がみつかった。前年度の調査で確認された4棟のほかに新たに5棟の竪穴住居跡，墓穴2基などがみつかったもので，各住居跡は長さ11m，幅4.5mを最大に，長さと幅が3.6mから4.7mの方形住居で，10棟のうち9棟が南北に隣接することがわかった。先の大型住居は石器製作を行なっていた工房跡とみられるが，今回の発掘では土器が多く出土し，宿舎的な性格とみられている。周辺一帯は河岸段丘に沿った馬蹄形の集落で，段丘の上部は広場空間，縁辺部に墓地を配置，下部の平坦な所に帯状に工房跡や竪穴住居が並ぶことがわかった。

奈良～平安期の大型竪穴住居跡　青森県上北郡百石町下谷地の根岸（2）遺跡で百石町教育委員会による発掘調査が行なわれ，奈良時代後期から平安時代初期と推定される竪穴住居跡13軒，古墳のほか，挂甲などが発見された。古墳は直径約5mほどの円墳で，半分はすでに破壊されていた。竪穴住居跡の1つは一辺約10mもある大型方形で，10本の主柱穴があり，間仕切りによって10の小部屋に分かれていた。北西側にはカマド跡もあり，焼失家屋と推定される。挂甲は小札百数十枚からなるもので，そのほか蕨手刀の柄の部分や土師器片，紡錘車，馬骨なども出土した。蝦夷の族長の住まいでないかともみられている。

――――――――――学界・その他

鎌木義昌氏（岡山理科大学教授）2月27日，直腸癌のため岡山市内の病院で死去された。享年74歳。氏は1918年大阪市生まれ。早稲田大学法学部卒業。倉敷考古館副館長をへて岡山理科大学講師ののち現職。縄文時代を専攻し，磯の森貝塚，国府遺跡，福井洞穴，丹生遺跡など多くの発掘調査を手掛けた。編著に『岡山の古墳』『図説日本歴史』（共著）『日本の考古学』Ⅱ―縄文時代（編）などがある。

高堀勝喜氏（石川考古学研究会名誉会長）3月13日，肺炎のため石川県立中央病院で死去された。享年79歳。氏は1913年金沢市生まれ。1948年石川考古学研究会を創設，以来長く県内の文化財保護に力を尽した。著書に『能登―自然・文化・社会』（共）『野々市町御経塚遺跡』などがある。

春成秀爾氏に浜田青陵賞　第6回浜田青陵賞の受賞者に国立歴史民俗博物館の春成秀爾教授が選ばれた。授賞理由は「原始時代の社会構造とイデオロギーに関する考古学的研究」。

「装飾古墳の世界」展　国立歴史民俗博物館（佐倉市城内町）は開館10周年を記念して10月5日（火）から11月28日（日）まで「装飾古墳の世界」展を開催している。同展は装飾古墳に関する共同研究の成果を踏まえ，その全貌に迫る総合的な企画展示で，展示されるのは福岡県王塚古墳などの石室模型，日下八光氏描くところの福岡県珍敷塚古墳を始めとする壁画模写図と王塚古墳，福岡県岩戸山古墳，大阪府高井田横穴群，茨城県虎塚古墳，福島県中田横穴などの出土遺物，さらに各地出土の多数の埴輪である。

フォーラム・アイヌ文化の成立を考える　北海道立北方民族博物館（網走市字潮見313―1）では12月2日（木）午前10時より博物館フォーラム・博物館と地域研究として「アイヌ文化の成立を考える」を開催する。北海道におけるアイヌ文化の成立について，考古学的な視点から研究報告と討論を行なうもので，講師として宇田川洋，西本豊弘両氏，事例研究発表に越田賢一郎，田村俊之，藪中剛，涌坂周一氏が出席の予定。会場は網走市サイクリングターミナル大ホール。なお同博物館では次のような展覧会も行なわれる。

企画展・オホーツク文化調査最前線（11月2日～11月14日）

特別展・鳥居龍蔵のみた北方民族（2月1日～3月8日）

旧石器研究シンポジウム　佐久考古学会と八ヶ岳旧石器研究グループの主催によるシンポジウム「細石刃文化研究の新たなる展開」が10月30日（土）31日（日）の両日，長野県南牧村の野辺山高原・帝産ロッヂで開かれる。これまでの細石刃文化研究を振り返り，新しい研究の方向性をみつめるために企画されたもの。

■第46号予告■

特集　古代の道と考古学

1994年1月25日発売
総112頁　2,000円

対談・古代の道を語る…木下　良・坂詰秀一
古代道路の研究
　古代道路の地表遺構……………木下　良
　駅と瓦………………………………今里幾次
　峠と古道……………………………椙山林継
道路遺構の調査
　群馬県下新田遺跡の道路遺構……伊藤廉倫
　埼玉県東ノ上遺跡の道路遺構……飯田充晴
　富山県小矢部市発掘の推定北陸道
　　……………………………………伊藤隆三
　大阪府高槻市発掘の山陽道………宮崎康雄
　奈良県鴨神遺跡の道路遺構………近江俊秀
　堺市今池遺跡発掘の難波大道……森村健一

佐賀平野発掘の古代官道…………徳富則久
地方拠点・施設と道路
　多賀城周辺の道路遺構……………千葉孝弥
　斎宮跡の古代道路…………………吉水康夫
　大宰府周辺の道路遺構……………山村信栄
道路と交通施設
　瀬田唐橋遺跡………………………大沼芳幸
　奈良県稗田遺跡の下津道と橋……中井一夫
　兵庫県小犬丸遺跡…………………岸本道昭
　兵庫県落地遺跡……………………荻　能幸

〈連載講座〉　縄紋時代史　20……林　謙作
〈最近の発掘から〉〈書評〉〈論文展望〉ほか

編集室より

◆日本の古代，運ばれた石材として最も重いものは，飛鳥の牽牛子塚古墳の横口式石槨で，約80トンもあり二上山から約12キロの道を運んできたと，河上邦彦氏は書いている。現実的には強大な権力を示す構図でもある。元来墓は権力上，死生観，信仰上の諸問題としてのシンボル的側面をもっている。その内部構造を確認するのは，最終的には時代の文化の一形態を知るまでに至らなければならないからだ。それを着実に物の変化や伝播や技術の分析を通じてなされてゆかなければならないことはいうまでもない。多様な視点からの

アプローチを充分見ていただきたい。　　　（芳賀）

◆横穴式石室というと，昨年石室内の写真撮影で注目され，本誌の別冊にもなった奈良県見瀬丸山古墳がまず浮んでくる。正式発表はまだないが，宮内庁の調査では，石室全長は予想よりやや短かったものの，日本最大の横穴式石室であることには変わりがない。大小の差はあれ，こうした石室が全国に分布しているのである。横穴式石室の中に一歩入ると，そこは別世界。それはまさにイザナギ命の黄泉国訪問に描かれた世界にほかならない。さて記紀を始め日本の古典と考古学の関連を説く別冊は近く刊行の予定である。（宮島）

本号の編集協力者──河上邦彦（奈良県教育委員会
文化財保存課課長補佐）
1945年大阪府生まれ，関西大学大学院修了。「凝灰岩使用の古墳」（末永雅雄先生米寿記念論集）『牧野古墳』『考古学 点描』『古墳時代の研究』全13巻などの論文・著書・編集がある。

■本号の表紙■
横穴式石室の内部

　古事記の黄泉国訪問神話の黄泉比良坂を思わせるような牧野古墳（奈良県）の羨道。写真は撮影のため明るいが，本来は暗闇の世界である。伊邪那岐命はみずから櫛を取って火を燭し，見てはならない伊邪那美命の腐爛し雷神がうごめく死体を見た……。牧野古墳の玄室には桃核があった。桃は呪力があって僻邪を意味する。禁を破った命は雷神と黄泉軍に追われるが，黄泉比良坂の入口で山桃の実を投げつけるとたちまち追手は退散した。
　横穴式石室内では多くの呪術儀礼がおこなわれたらしい。牧野古墳では桃核の存在・曲げられた刀・多くの靫・朱・羨道に並べられた多くの土器などがそれを物語っている。（写真提供・橿原考古学研究所）（河上邦彦）

▶本誌直接購読のご案内◀

『季刊考古学』は一般書店の店頭で販売しております。なるべくお近くの書店で予約購読なさることをおすすめしますが，とくに手に入りにくいときには当社へ直接お申し込み下さい。その場合，1年分の代金（4冊，送料は当社負担）を郵便振替（東京3-1685）または現金書留にて，住所，氏名および『季刊考古学』第何号より第何号までと明記の上当社営業部まで送金下さい。

季刊 考古学　第45号
ARCHAEOLOGY　QUARTERLY
1993年11月1日発行
定価 2,000円
（本体1,942円）

編集人　　芳賀章内
発行人　　長坂一雄
印刷所　　新日本印刷株式会社
発行所　　雄山閣出版株式会社
〒102　東京都千代田区富士見2-6-9
電話　03-3262-3231　　振替　東京3-1685

◆本誌記事の無断転載は固くおことわりします
ISBN4-639-01193-8　printed in Japan

季刊 考古学 **オンデマンド版** **第 45 号** 1993 年 11 月 1 日 初版発行
ARCHAEOROGY QUARTERLY 2018 年 6 月 10 日 オンデマンド版発行

定価（**本体 2, 400 円 + 税**）

編集人 芳賀章内

発行人 宮田哲男

印刷所 石川特殊特急製本株式会社

発行所 株式会社 雄山閣 http://www.yuzankaku.co.jp

〒 102-0071 東京都千代田区富士見 2-6-9

電話 03-3262-3231 FAX 03-3262-6938 振替 00130-5-1685

◆本誌記事の無断転載は固くおことわりします ISBN 978-4-639-13045-1 Printed in Japan

初期バックナンバー、待望の復刻 !!

季刊 考古学 OD　創刊号〜第 50 号〈第一期〉

全 50 冊セット定価（本体 120,000 円＋税）　セット ISBN：978-4-639-10532-9

各巻分売可　各巻定価（本体 2,400 円＋税）

号　数	刊行年	特集名	編　者	ISBN（978-4-639-）
創刊号	1982 年 10 月	縄文人は何を食べたか	渡辺 誠	13001-7
第 2 号	1983 年 1 月	神々と仏を考古学する	坂詰 秀一	13002-4
第 3 号	1983 年 4 月	古墳の謎を解剖する	大塚 初重	13003-1
第 4 号	1983 年 7 月	日本旧石器人の生活と技術	加藤 晋平	13004-8
第 5 号	1983 年 10 月	装身の考古学	町田 章・春成 秀爾	13005-5
第 6 号	1984 年 1 月	邪馬台国を考古学する	西谷 正	13006-2
第 7 号	1984 年 4 月	縄文人のムラとくらし	林 謙作	13007-9
第 8 号	1984 年 7 月	古代日本の鉄を科学する	佐々木 稔	13008-6
第 9 号	1984 年 10 月	墳墓の形態とその思想	坂詰 秀一	13009-3
第 10 号	1985 年 1 月	古墳の編年を総括する	石野 博信	13010-9
第 11 号	1985 年 4 月	動物の骨が語る世界	金子 浩昌	13011-6
第 12 号	1985 年 7 月	縄文時代のものと文化の交流	戸沢 充則	13012-3
第 13 号	1985 年 10 月	江戸時代を掘る	加藤 晋平・古泉 弘	13013-0
第 14 号	1986 年 1 月	弥生人は何を食べたか	甲元 真之	13014-7
第 15 号	1986 年 4 月	日本海をめぐる環境と考古学	安田 喜憲	13015-4
第 16 号	1986 年 7 月	古墳時代の社会と変革	岩崎 卓也	13016-1
第 17 号	1986 年 10 月	縄文土器の編年	小林 達雄	13017-8
第 18 号	1987 年 1 月	考古学と出土文字	坂詰 秀一	13018-5
第 19 号	1987 年 4 月	弥生土器は語る	工楽 善通	13019-2
第 20 号	1987 年 7 月	埴輪をめぐる古墳社会	水野 正好	13020-8
第 21 号	1987 年 10 月	縄文文化の地域性	林 謙作	13021-5
第 22 号	1988 年 1 月	古代の都城—飛鳥から平安京まで	町田 章	13022-2
第 23 号	1988 年 4 月	縄文と弥生を比較する	乙益 重隆	13023-9
第 24 号	1988 年 7 月	土器からよむ古墳社会	中村 浩・望月 幹夫	13024-6
第 25 号	1988 年 10 月	縄文・弥生の漁撈文化	渡辺 誠	13025-3
第 26 号	1989 年 1 月	戦国考古学のイメージ	坂詰 秀一	13026-0
第 27 号	1989 年 4 月	青銅器と弥生社会	西谷 正	13027-7
第 28 号	1989 年 7 月	古墳には何が副葬されたか	泉森 皎	13028-4
第 29 号	1989 年 10 月	旧石器時代の東アジアと日本	加藤 晋平	13029-1
第 30 号	1990 年 1 月	縄文土偶の世界	小林 達雄	13030-7
第 31 号	1990 年 4 月	環濠集落とクニのおこり	原口 正三	13031-4
第 32 号	1990 年 7 月	古代の住居—縄文から古墳へ	宮本 長二郎・工楽 善通	13032-1
第 33 号	1990 年 10 月	古墳時代の日本と中国・朝鮮	岩崎 卓也・中山 清隆	13033-8
第 34 号	1991 年 1 月	古代仏教の考古学	坂詰 秀一・森 郁夫	13034-5
第 35 号	1991 年 4 月	石器と人類の歴史	戸沢 充則	13035-2
第 36 号	1991 年 7 月	古代の豪族居館	小笠原 好彦・阿部 義平	13036-9
第 37 号	1991 年 10 月	稲作農耕と弥生文化	工楽 善通	13037-6
第 38 号	1992 年 1 月	アジアのなかの縄文文化	西谷 正・木村 幾多郎	13038-3
第 39 号	1992 年 4 月	中世を考古学する	坂詰 秀一	13039-0
第 40 号	1992 年 7 月	古墳の形の謎を解く	石野 博信	13040-6
第 41 号	1992 年 10 月	貝塚が語る縄文文化	岡村 道雄	13041-3
第 42 号	1993 年 1 月	須恵器の編年とその時代	中村 浩	13042-0
第 43 号	1993 年 4 月	鏡の語る古代史	髙倉 洋彰・車崎 正彦	13043-7
第 44 号	1993 年 7 月	縄文時代の家と集落	小林 達雄	13044-4
第 45 号	1993 年 10 月	横穴式石室の世界	河上 邦彦	13045-1
第 46 号	1994 年 1 月	古代の道と考古学	木下 良・坂詰 秀一	13046-8
第 47 号	1994 年 4 月	先史時代の木工文化	工楽 善通・黒崎 直	13047-5
第 48 号	1994 年 7 月	縄文社会と土器	小林 達雄	13048-2
第 49 号	1994 年 10 月	平安京跡発掘	江谷 寛・坂詰 秀一	13049-9
第 50 号	1995 年 1 月	縄文時代の新展開	渡辺 誠	13050-5

※「季刊 考古学 OD」は初版を底本とし、広告頁のみを除いてその他は原本そのままに復刻しております。初版との内容の差違は
　ございません。

「季刊 考古学　OD」は全国の一般書店にて販売しております。なるべくお近くの書店でご注文なさることをおすすめしますが、とくに手に入り
にくいときには当社へ直接お申込みください。